Maximilian hilft mir tatsächlich beim Reintragen, und während ich alles verstaue, schaue ich nach rechts und sehe folgende Situation: Maxi stellt alle eingekauften Eistees (die er sehr mag) vor sich auf und holt einen Edding-Stift. Dann schraubt er überall den Deckel ab, leckt einmal um den Verschluss herum und schraubt sie anschließend wieder zu. Daraufhin schreibt er auf alle Eistee-Tetrapaks fett mit Edding: «Abgeleckt!»

«WAS TUST DU DA?»

Er schaut mich verständnislos an und sagt: «Natürlich die Eistees ablecken!»

«Warum?»

Maximilian schüttelt lächelnd den Kopf und sagt gutmütig zu mir: «Na, damit Hannah die nicht trinkt.»

Claudia Herrmann, geboren 1980, betreibt zusammen mit ihrem Mann ein Dentallabor. Die beiden leben mit ihren zwei Kindern in Oberbayern.

Claudia Herrmann

VOLL UNGECHILLT!

Wie ich die Pubertät meiner
Kinder überlebte

Rowohlt Taschenbuch Verlag

Einige Textpassagen enthalten Rechtschreibfehler,
die aus Gründen der Authentizität bewusst nicht
korrigiert wurden.

Originalausgabe
Veröffentlicht im Rowohlt Taschenbuch Verlag,
Reinbek bei Hamburg, Mai 2016
Copyright © 2016 by Rowohlt Verlag GmbH, Reinbek bei Hamburg
Umschlaggestaltung ZERO Werbeagentur, München
Umschlagabbildung FinePic, München
Satz DTL Documenta, PostScript, InDesign, bei
Pinkuin Satz und Datentechnik, Berlin
Druck und Bindung CPI books GmbH, Leck, Germany
ISBN 978 3 499 63148 1

Für Thomas – meine große Liebe.
Der in guten und schlechten Momenten
immer bei mir steht.
Ich danke dir dafür!

«Wer kein Kind hat, hat kein Licht in seinen Augen.»
Persisches Sprichwort

KLEINE MONSTER

Woran man eindeutig erkennt, dass die eigenen Kinder in die Pubertät kommen, ist der Geruch. Ich meine nicht die frühe Pubertät, in der der Körper langsam anfängt, sich zu verändern, sondern die richtige, echte Pubertät, in der die Kinder unaufhaltsam zu kleinen Monstern mutieren. Zu einem fremden Monster. Irgendwann erkennt man nämlich seine eigenen Kinder nicht wieder. Wenn sie anfangen zu riechen, wird's ernst. Wobei, riechen ist eigentlich noch zu niedlich formuliert. Wie die stinken können! Ich hätte das nie für möglich gehalten.

Wenn mein Sohn Maxi seine Schuhe im Haus hat, rieche ich das in dem Moment, in dem ich die Haustür aufsperre. Egal, wo im Haus die Schuhe sind – ich rieche sie sofort. Maxi hätte theoretisch fünf Paar Schuhe zur Auswahl, trägt aber kategorisch von Oktober bis April immer das eine Paar. Das erschwert das Problem natürlich. Der Geruch wird quasi verdichtet. Die restlichen Monate trägt er Flip-Flops.

Die Schuhe riechen also so stark, dass sie immerzu draußen gelagert werden müssen, wo sie jetzt als Marderschreck fungieren. Und im Winter ist das natürlich nicht immer angenehm, morgens in die eiskalten Schuhe steigen zu müssen.

Ich hab mal im Keller, in unserer Waschküche, ein Wäschehäuflein entdeckt, von dem ich nicht wusste, ob die Sachen gewaschen oder ungewaschen waren. Also hab ich mir ein T-Shirt geschnappt und an Mund und Nase gehalten, um daran zu riechen. Holla, die Waldfee!

So was hab ich noch nie in der Intensität gerochen! Ich war wirklich kurz davor, mich mitten in die Waschküche zu übergeben. Dass etwas so stinken kann. Unglaublich! Eigentlich erstaunlich, dass man den Geruch überhaupt noch rausbekommt aus der Wäsche. Aber nach dem Waschen riechen die Klamotten alle wieder gut. Der Miele-Waschmaschine sei Dank. Wobei mein Mann schon darum gebeten hat, ich möchte doch seine Sachen bitte nicht mit denen von Maxi zusammen waschen.

Was meinen Sohn und meine Tochter unterscheidet: Ihr ist es peinlich, wenn sie müffelt. Meinem Sohn überhaupt nicht. Ich glaube, der ist sogar stolz darauf. Als ich ihn neulich zum Kieferorthopäden gefahren habe und trotz 12 Grad Außentemperatur das Fenster aufmachen musste, hat er mich nur breit und durchaus zufrieden angegrinst.

Wenn ich meine sechzehnjährige Tochter damit konfrontiere, dass sie grad ein bisschen müffelt, kontert Hannah nur: «Das Deo ist scheiße! Ich darf ja wegen dir keins mit Aluminiumoxid verwenden!», und geht. Darauf, dass es vielleicht daran liegen könnte, dass sie ihr Lieblings-T-Shirt seit drei Tagen anhat, kommt sie nicht.

Wenn man allerdings die Geruchsbelästigung der beiden in einem Balkendiagramm darstellen müsste, wäre sein Balken sicherlich zehnmal so lang wie ihrer.

Bei beiden aber hat mit dem veränderten Körpergeruch die Phase angefangen, in der man sich denkt: Ist das noch mein Kind? Wenn ich daran denke, wie die Hannah gerochen hat, als sie ein Baby war. Das war so ein unvergleichlicher Geruch! Nichts anderes in der Welt hat so gut gerochen wie mein Baby! Man sagt ja, wenn andere Frauen an einem Neugeborenen riechen, löst das eine Hormonreaktion aus, und sie bekommen einen Kinderwunsch. Kann ich verstehen. Ich weiß noch genau, dass ich ununterbrochen an meinem Kind gerochen hab. Ich konnte mich schlichtweg nicht sattriechen! Tja, das hat sich jetzt irgendwie geändert.

Überhaupt haben sich unsere Kinder im letzten Jahr derart verändert, ich komme einfach nicht klar damit. Auf einmal ist alles anders. Jeden Tag kommt wieder irgendeine neue Veränderung. Beide mutieren in einer derartigen Geschwindigkeit von den netten Kindern, die ich hatte, zu völlig anderen Menschen! Und in der gleichen Geschwindigkeit entwickelt sich ihr Gehirn zurück, habe ich den Eindruck. Wo zum Teufel sind meine lieben Kinder geblieben, die sich gefreut haben, wenn ich etwas mit ihnen unternommen habe? Heute sind jegliche Aktivitäten mit mir zusammen für sie Höchststrafe. Früher konnten wir uns stundenlang unterhalten. Ich wusste selbst über Kleinigkeiten bestens Bescheid. Jetzt muss ich um Informationen betteln! Und alles, was mit mir zu tun hat, ist irgendwie peinlich. Früher fanden sie mich toll. Wir haben so viel zusammen gelacht. Heute werde ich als extrem ungechillt eingestuft. Wie konnte sich das alles so schnell ändern?

Ich weiß es nicht. Ich weiß nur, dass es mit dem veränderten Geruch angefangen hat.

Im Moment ist es auf jeden Fall so, dass Maxi sich mitunter auch mit Mädels trifft, und die finden das mit der Stinkerei auch nicht so prickelnd. Ein normaler Mensch würde sich nun öfters duschen und darauf achten, jeden Tag ein frisches T-Shirt anzuziehen. Aber unser Jungtier ist kein normaler Mensch. Der hat das Problem so gelöst, dass er sich jetzt mit

Unmengen an Deo und Parfüm einsprüht, bevor er das Haus verlässt. Das Parfüm hat so eine eklige Moschusnote, dass er riecht wie ein brunftiger Hirsch (aber das ist er ja im Grunde genommen auch). Das Angebot zu einem «normalen Deo», das die Geruchsbildung grundsätzlich verhindert, lehnt Maximilian völlig ab. Er braucht ein Deo, das seinen Geruch überdeckt! Sonst wirkt es seiner Meinung nach nicht. Wenn ich also momentan nach Hause komme und schnuppere, dann riecht's wie im Puff! Na ja, wenn ich die Wahl habe zwischen muffigen Schuhen und Puff – dann lieber Puff.

WÜNSCH DIR WAS

Im Büro

Von: Hannah
Betreff: Glätteisen

Hi! Brauche Glätteisen
http:www.amazon.de/Glätteisen/anit-statik-Schutz/Kermaik-turmalin-Beschichtung/dp/B0798745=Hair-9870860

Von: Mama
Betreff: Re: Glätteisen

Nein. Du hast doch glatte Haare. Das kostet 49 €!

Von: Hannah
Betreff: Re: Re: Glätteisen

Das Glätteisen ist notwendig! Meine Haare sehen in der früh voll explodiert aus. Haarspray langt da nich! Wenn draußen ein Wind geht oder es regnet oder ich ne Mütze aufhatte, dann bin ich ein Bobtail!! Willst du etwa einen Bobtail in der Familie???? Muhz! Das is total sinnvoll!
Verteidige deinen Ruf als coole Mutter!
Pleeeeeeeeeeeeeeeaaaaaaase!! Ich brauch das!!!!!!!!!!
Muhz, Muhz Over and out

Von: Mama
Betreff: Re: Re: Re: Glätteisen

Ich denk drüber nach ...

Von: Maximilian
Betreff: Bett

Hallo,
Hab mal überlegt, so ein Doppelbett ist echt cool. Hab sogar ein günstiges gefunden.
www.http://Bed-online-black_543-Edition/8978/Kinder/Documents/doppelbett.htm
Is voll cool, besonders das schwarze. Kannst mal überlegen.
Bis später
von Maxi

Für was braucht der Chiller bitte ein Doppelbett? Geht's noch? Das ist ja ein schwarzes Bett mit Leder-Kopfteil à la *Basic Instinct*! Maximilian ist 14! Will der jetzt seine Chicas hier flachlegen, oder was? Tsss, bekommt der nie im Leben von mir ... Was kommt als Nächstes? Ein paar Handschellen? Eine Shisha? Rote Puffbeleuchtung? Na ja, das würde zumindest zum Geruch passen. Ich hab mein erstes Doppelbett zusammen mit meinem Mann gekauft! Ich will gar nicht drüber nachdenken, dass der eines von seinen Mädels mitbringt, und wir sitzen unten und wissen nicht, was die oben treiben. Nein, nein, ich glaube, ich würde wahlweise die ganze Zeit im Dreieck hüpfen oder ununterbrochen an der Tür lauschen.

Wie kommt der denn jetzt gerade auf die Idee? Das hat doch einen Grund. Hat der eine Freundin? Wieso weiß ich nichts davon? Oder es bahnt sich gerade etwas an. Oh Mann, der erzählt mir echt gar nichts mehr! Vor einem Jahr hat er mir noch alles erzählt. Und ich war so cool und verständnisvoll. Egal, ob es um den Lehrer ging oder seinen besten Freund. Er hat mir immer alles erzählt, und ich hab ihm kleine Tipps gegeben oder bin auch mal zum Lehrer gegangen, wenn es für Maxi okay war. Und ich dachte, ich bin so eine gute Mutter, dass mein Sohn alles so offen mit mir besprechen kann! Bin so tierisch verständnisvoll und cool und mache das viel besser als die anderen Mütter. Tja, Pustekuchen. Jetzt erzählt er überhaupt nichts mehr.

Auf Fragen wie «Und, wie geht's?», «Wie war's in der Schule?», «Was macht der Marco so?», «Alles klar bei dir?» höre ich immer die gleiche Antwort: «Ja, passt schon.» Das war's. Nicht mehr und nicht weniger. Immer. Egal welche Frage und welche Tageszeit. Nur wenn er was will, wird die männliche Brut auf einmal gesprächiger. So wie jetzt. Allein schon die Formulierung: «Hab mal überlegt, so ein Doppelbett ist echt cool.»

Ja, besonders cool wäre, es auch selbst zu bezahlen. Das Bett, das er mir geschickt hat, kostet 350 Mücken! Meine kleine Leuchte hat aber nicht bedacht, dass ja dann noch zwei Lattenroste und zwei Matratzen dazukommen, sodass der ganze Spaß locker über 1000 Euro kostet. Was glaubt der? Dass ich sage: «Ja, stimmt. In Schwarz find ich's auch besser. Bestell mal»?

Von: Mama
Betreff: Re: Bett

Hi Maximilian,
ich versteh ja, wenn du dir ein neues Bett wünschst und dir dein altes zu kindisch ist. Aber es muss ja nicht gleich ein Doppelbett sein!
Da muss man ja noch die Lattenroste und die Matratzen dazurechnen, das wird eh schon ganz schön teuer. Und bei einem Doppelbett geht das ja dann mal zwei. Such dir doch ein günstiges, schönes Einzelbett (vielleicht bei Ikea?) aus und schick mir den Link, dann schau ich's mir an. Zu deiner Firmung bekommst du sicher Geld geschenkt, und wir legen vielleicht auch noch was obendrauf. Was meinst du? Ist das ein Vorschlag?
The Mothership

Von: Maximilian
Betreff: Re: Re: Bett

Hi Mama!
Vergiss den ersten Link, das hier ist viel cooler
www.http://d-online-black_black-Edition/4478/Adult/Documents/doppelbett.htm
Lass dich nicht stressen
Das Haupt-Maxi

«Das Haupt-Maxi» – wie mich das schon aufregt! Das Doppelbett hat jetzt noch mehr Leder. Außerdem hat es in den Seiten Mulden, um Gläser abstellen zu können. Und es kostet 50 Euro mehr. Hat ja super funktioniert, dass ich alles so gut erklärt habe ...

Abends

Maximilian erklärt uns bereits seit 15 Minuten eindringlich, warum er ohne ein Doppelbett nicht mehr weiterleben kann und es ganz und gar keine Alternative gibt, obwohl das Doppelbett gar nicht in sein Zimmer passt und dann der Schreibtisch rausmüsste, an dem er in seinem ganzen Leben noch nie Hausaufgaben gemacht hat. Da erzählt uns Hannah plötzlich, sie möchte sich gern ein Gerät (Bananen oder Spiralen) und die dazu passenden Ohrringe bestellen, mit denen man das Ohrloch mit der Zeit immer mehr weitet, bis irgendwann ein münzgroßes Ohrloch entsteht, in das man dann ein Plastikdings (Plugs) steckt. Ob das okay sei?

«Auf gar keinen Fall!», sage ich entsetzt.

«Warum nicht?»

«Nein!»

«Oh Mann! Warum denn nicht? «

Hannah wird schon leicht bockig.

«Weil die Ohrlöcher nie wieder klein werden und du dann völlig entstellt bist!»

«Das haben so viele!»

«Nein. Das kann man mit 16 nicht einschätzen. Später findest du das dann furchtbar, wenn du so große Ohrlappen hast! Das kann man nicht mehr rückgängig machen! Ich wollte mich in deinem Alter auch tätowieren lassen, und heute bin ich froh, dass ich's nicht gemacht habe.»

«Ja, du vielleicht. Ach, komm schon. Bitte!»

«Nein.»

«Ich mach's auch nur ganz klein!», sagt Hannah flehend.

«Hannah, nein!»

«Aber die Kathi darf wahrscheinlich auch!»

«NEIN!»

«Boahhhh.»

Sie verdreht die Augen, sodass man das Weiße sieht, steht auf und geht.

Hannah wird jetzt vermutlich den ganzen Abend nicht mehr runter kommen. Morgen in der Früh tut sie so, als ob nichts gewesen wäre. Das kann ich aussitzen.

Anders bei Maximilian. Der ist hartnäckiger. Der verfolgt die Nervtaktik, und ich befürchte, das mit dem Bett dauert noch länger.

SOZIALKRITISCHES FERNSEHEN

Ich bin heute um 8 Uhr aus dem Haus gegangen, um zu arbeiten. Als ich nach Hause komme, ist es 17 Uhr 30. Ich bin vollgepackt mit Einkaufstüten und finde meine Kinder auf der Couch lümmelnd vor. Sie schauen *Simpsons*. Soweit ich weiß, sieht das Fernsehprogramm, das meine Kinder favorisieren, in etwa so aus: *Simpsons*, *How I Met Your Mother*, *The Bing Bang Theory* und *Die wilden Siebziger*.

Maximilian schaut sich manchmal auch Dokumentationen auf irgendwelchen obskuren Sendern an, in denen gezeigt wird, wie ein toter Wal auf dem Transport von A nach B durch die eigenen Verwesungsgase explodiert. Mitten in einer Kleinstadt. Und dann hängt an den Häusern überall Wal. (Das wurde über Wochen wiederholt! Hat Maximilian sicher drei- bis viermal gesehen – irgendwie hat ihn das fasziniert.)

Nachdem ich die drei Einkaufstüten und die zwei Wasserkästen hereingezerrt habe, ohne dass sich eines meiner Kinder davon stören ließ, kann ich es mir nicht verkneifen, eine kritische Bemerkung zum gewählten Fernsehprogramm zu äußern.

«Ich dachte immer, die *Simpsons* sind eher was für kleinere Kinder?»

Tja, da hab ich nicht mit meiner superschlauen Tochter gerechnet.

Die sagt leicht entnervt und wie zu einem dummen Kind:

«Du, das is total sozialkritisch, wenn man den tieferen Sinn versteht!»

Im Bild trinkt Homer Simpsons gerade eine Dose Duff-Bier in einem Zug aus und rülpst anschließend sehr laut und sehr lang. Aha! Total sozialkritisch. Nein, sie hat recht. Ich kapier's nicht.

Mein Sohnemann äußert sich folgendermaßen zu dem Konflikt:

«*Simpsons* sind hamma.»

Was in den sechziger Jahren «dufte» war, in den Achtzigern «cool» und in den Neunzigern «geil», ist jetzt «hamma»! (So geschrieben und auch so gesprochen.) Das muss man wissen sonst kapiert man gaaar nix. Und ich versuch, immer alles zu wissen und zu kapieren. Jedes Wort, jeder Ausdruck, jede Redewendung, die meine Kinder äußern und die ich nicht sofort einwandfrei verstehe, wird von mir gegoogelt. Ich bin voll dabei! Könnte einen eigenen Duden schreiben!

WTF (What the fuck)	= Was zum Teufel soll das denn?
YOLO (You only life once)	= Entschuldigung, etwas nicht erledigen zu müssen
Chill mal (Komm runter)	= Du nervst mich mit deiner Arbeitswut!
Creepy (gruselig)	= Elternansichten
ROFL (roll on the flour laughing)	= Ich lach mich tot
Digga (Dicker)	= Freundschaftliche Anrede

Das Fernsehprogramm wird aber allmählich zum Problem. Ich bin zwar mittags kurz daheim, um zu kochen und nach dem Rechten zu sehen. Dann muss ich aber wieder zurück ins Büro. Das heißt, die Kinder sind den ganzen Nachmittag allein zu Hause, wenn sie keinen Unterricht haben. Ich weiß es nicht ganz genau, aber ich glaube, sobald ich einen Fuß aus der Tür gesetzt habe, machen die den Fernseher an und dann läuft der den ganzen Nachmittag. Und es ist sehr schwer, das zu reglementieren. Da kann ich hundertmal sagen: «Schaut halt eine Stunde und dann macht Hausaufgaben und geht auch mal ein bisschen raus! Is so schön draußen!»

Die sagen: «Ja, ja», und denken: «Logooooooooo.»

Meine Arbeitskollegin Miriam nimmt immer das Antennenkabel vom Fernseher mit, damit ihre drei Mädchen nicht den ganzen Nachmittag fernschauen. Hat sie immer in der Handtasche dabei. Auch eine Lösung! Wobei ich vermute, dass ihre Kinder schon lange ein Ersatz-Antennenkabel haben und das rausholen, sobald sie weg ist.

Wir haben natürlich auch einen Code eingerichtet, damit die Kinder nur Sendungen anschauen können, die nicht gemäß FSK erst ab 16 freigegeben sind. Vor kurzem saß ich daneben und hab eine Kochzeitschrift gelesen, als Hannah beim Umschalten wie selbstverständlich den Code eingab. Es hat echt ein paar Sekunden gedauert, bis ich das gecheckt hab.

Ich sag also: «Wieso weißt du denn den Code?!»

Da lachen sich die Kinder beide scheckig: «Den haben wir schon vor zwei Jahren geknackt! Hat nicht mal zwei Tage gedauert.»

Super.

EINMALIGE GELEGENHEIT

Im Büro

Von: Maximilian
Betreff: PS3

Einen wunderschönen guten Tag,
ich brauche sehr dringend eine PS3
Link: http:/www.ebay.de/itm/ws/ebay/ISAP.dll/Viewitem_rvr_id=189324355&item=8263
Höchstgebot = 150 € einmalige Gelegenheit
Greif zu
Miepmuhz

Von: Mama
Betreff: Re: PS3

Maximilian, dann musst du halt drauf sparen. Ich kauf doch jetzt nicht einfach so eine PS3.
Schau halt, was du an Geld zur Firmung zusammenbekommst, und vielleicht kannst du sie dir dann kaufen.
Das Muttertier

Von: Maximilian
Betreff: Re: Re: PS3

Aber dann ist dieses Angebot weg!! Das ist eine Riesen Gelegenheit!
Du kannst die PS3 ja jetzt schon mal kaufen und mir geben und ich schau dann nach der Firmung wie ich das mit dem Geld mach! ☺ Bittteeeeeee!

Von: Mama
Betreff: RE: RE: RE: PS3

NEIN

Von: Hannah
Betreff: Spray

Brauch dringend anti-statisches Schutz-Haarspray. Bitte bestellen:
http//www.amazon.de/Remington-HaarglC§4tter-4fach-Schutz-anit-statische-Keramik-Turmalin-Beschichtung/dp/BZIUZHK56JKJH/ref-ilu
Thanks

Von: Mama
Betreff: Re: Spray

Das Haarspray ist ja total teuer! Das kostet 21 €!!!

Von: Hannah
Betreff: Re: Re: Spray

Jo!

Sag mal, hat die gar keinen Bezug mehr zum Geld? Nein, nein. Ich rege mich jetzt nicht auf. Und ich muss jetzt auch echt weiterarbeiten. Zumindest sitzen die beiden momentan nicht vor dem Fernseher.

Abends

Mein Mann kommt zu mir und will mich kurz sprechen, er macht sich Sorgen. Hannah ist seit über einer Stunde im Bad. Er hört aber kein Wasser laufen. Ich solle doch mal mit ihr reden, ob es denn vielleicht ein «Frauenproblem» gäbe.

«Nee, nee, das passt schon. Die glättet sich die Haare. Das dauert immer über eine Stunde.»

«Die macht was?»

«Glättet sich die Haare. Mit dem Glätteisen, das ich bei Amazon für sie bestellt hab und das du bezahlt hast.»

«Warum? Sie hat doch gar keine Locken.»

Mein Mann sieht mich stirnrunzelnd an.

«Nein, aber sie will die Haare halt glatter.»

«Schatz, sie HAT glatte Haare. Was soll da noch glatter werden?»

Er schüttelt den Kopf.

«Ja ... halt irgendwie noch glatter.»

Mein Mann möchte immer verstehen, wie bestimmte Dinge funktionieren. Und er hinterfragt auch sehr genau, wenn er etwas nicht versteht. Er ist nämlich ein richtig kluges Kerlchen. Aber ich kann ihm leider auch nicht erklären, wie seine Tochter tickt. Weil ich's selber auch nicht kapier. Zumindest nicht mehr.

«Frag sie halt mal, warum sie das macht!», schlage ich ihm vor.

15 Minuten später läuft Hannah an uns vorbei auf dem Weg zur Waschküche im Keller, um ihr Lieblings-T-Shirt zu holen. (Das Lieblings-T-Shirt/die Lieblingsjeans/der Lieblingspulli kann nämlich keine ein oder zwei Tage in der Wäsche verbringen. Das wird abends ausgezogen und im Kurz-Programm gewaschen und später getrocknet, damit man es am nächsten Tag wieder anziehen kann, weil man nicht einen einzigen Tag darauf verzichten kann, obwohl noch ganz viele andere Klamotten zur Verfügung stünden.)

«Warum glättest du dir eigentlich die Haare? Du hast doch gar keine Locken?», fragt also mein Mann Hannah.

Die stutzt kurz. «Na, weil ich sonst aussehe wie ein Bobtail.»

Er sieht mich fragend an.

«Siehst du. Jetzt weißt du es», sag ich und grinse.

FRÜHSTÜCKSHARMONIE

Frühstück

Das Essverhalten meiner Kinder ist mir ein Rätsel. Über Wochen werden ausschließlich Kellogg's Frosties akzeptiert. Und dann plötzlich, von einem Tag auf den anderen, teilt mir meine Tochter mit, dass Frosties scheiße schmecken und sie Kellogg's Smacks möchte. Aber die Originalen, weil die von Penny schmecken scheiße. Wochenlang wird das dann als einzig mögliche Frühstücksoption akzeptiert. Wenn einmal keine Kellogg's der Wunschsorte vorrätig sind, wird, um das Muttertier zu bestrafen, gar nicht gefrühstückt. Nach dem Motto: Tja, bist selber schuld, Mama. Hättest du dran gedacht beim Einkaufen, würde ich jetzt auch was frühstücken. So geh ich halt hungrig aus dem Haus. Und das Schlimme ist: Es funktioniert! Ich hab dann ein sehr schlechtes Gewissen und denk mir: Mensch, die Arme. Jetzt sitzt sie hungrig in der Schule und kann sich nicht konzentrieren ...

So erziehen mich meine Kinder. Deswegen schau ich immer schön, dass das gewünschte Frühstück auch im Haus ist. Einmal bin ich um halb acht abends total fertig und voll bepackt mit Einkaufstüten heimgekommen, um erschrocken festzustellen: Ich hab den Toast vergessen! Das war während der Marmeladentoast-Periode. Also bin ich um Viertel vor acht noch schnell zum Supermarkt gespurtet, um Toastbrot zu besorgen.

Interessant ist auch: Die Kinder sind sich in absolut keiner Sache einig. Nicht beim Musikgeschmack, nicht beim Kleidungsstil, nicht beim Freundeskreis und nicht, was politische Ansichten und die Grundeinstellung allgemein angeht. Wenn Hannah A sagt, sagt Maximilian B. Und umgekehrt. Aus Prinzip. Außer beim Frühstück! Wenn einer das aktuelle Frühstück satthat und etwas anderes favorisiert, zieht der andere sofort nach. Wie durch Zauberhand – ohne Absprache. Ich würde auch zwei verschiedene Frühstücke zubereiten, aber das ist die einzige Sache auf der ganzen Welt, in der sie sich ungefragt einig sind!

Gerade haben wir die Erdnussbuttertoast-Periode. Die hat die Milchreis-Zeit abgelöst. Während ich also den Frühstückstisch decke, sagt Maximilian zu mir:

«Mama, ich brauch übrigens Schneeschuhe.»

«Was brauchst du?»

«Schneeschuhe. Wenn ich in die Schule gehe, kann ich über ein Feld abkürzen. Aber wenn da, wie jetzt im Winter, Schnee liegt, dann sink ich immer ein und hab dann nasse Schuhe. Schneeschuhe kann man so dranschnallen, und dann sinkt man nicht ein!»

Er strahlt mich an, als hätte er einen ganz komplizierten Sachverhalt verstanden.

«Ja, dann geh halt außen rum!», schlage ich vor.

«Nee, Mama. Übers Feld ist kürzer!», sagt Max in einem Tonfall, als wäre ich sehr, sehr dumm, könnte aber nix dafür. Diskussionen mit meinem Sohn in der Früh sind echt anstrengend.

«Schreib mir eine E-Mail ins Büro. Ich muss jetzt los.»

DER TRAUM VOM FISCHEN

Immer wird alles furchtbar verkompliziert. Wir haben unseren Sohn auf einer sehr guten Schule untergebracht, die auch eine ordentliche Stange Geld kostet. Die Schule bietet unglaublich viele Wahlmöglichkeiten für Sportkurse. Es gibt Kurse für Basketball, Reiten, Klettern, Badminton, Fußball, sogar ein Surfkurs wurde mal angeboten. Wollte der Maximilian aber alles nicht. Der Maximilian wollte fischen! Angeln!

Mein Mann und ich können nicht fischen. Ich kenn auch niemanden, der fischt. Was soll das? Warum will der dann so was? Wir haben ihm gesagt, er soll sich bitte aus den tausend Möglichkeiten, die die Schule anbietet, eine aussuchen. Nein. Maximilian war stur. Er will fischen. Sonst nix.

Angeln! Das ist doch kein Sport. Das machen alte Männer, die morgens um 10 Uhr schon Bier trinken und über Regionalpolitik reden. Ich kapier's einfach nicht!

Unser Maxi-Jungtier hat bisher bei praktisch keiner Sache in seinem Leben Biss gezeigt. Aber jetzt! Bei dem größten Unsinn, den ich mir vorstellen kann. Wir hatten die Fußball-Periode. Maximilian kam heim und verkündete selbstbewusst, dass er ab jetzt Fußball spielen wolle und ihm die ganze Sache sehr ernst sei. Danach kam die Reit-Periode (aber nur weil sein Kumpel das gemacht hat), und als wir Reithose, Reitkappe, Gerte, Stiefel und Handschuhe zusammenhatten, war das Interesse wieder weg. Dann kam Karate, und dann kam ... Er hat nichts länger als fünf Wochen durchgezogen.

Sonst können fünfe grundsätzlich grade sein, und er geht immer den Weg des geringsten Widerstandes. Aber jetzt ist keine andere Lösung möglich als fischen! Na toll.

Um angeln zu dürfen, muss man einen Angelschein machen. Dafür sind 30 Ausbildungsstunden notwendig, die Maxi aktuell an den Wochenenden absolviert. Abschließend wird eine Prüfung geschrieben, für die man wirklich büffeln muss. Ich hab mir mal den Ordner durchgesehen, dessen Stoff er können muss, und ich war echt überrascht. Das hat Ausmaße wie die theoretische Führerscheinprüfung. Von den Fischarten über das Laichverhalten, die Ökologie, Schonzeit bis hin zu zig Dutzend Vorschriften. Das muss er alles können. Bin ja mal gespannt, wie unser Kleiner Ich-komme-in-der-Schule-auch-ohne-lernen-Durch das hinbekommen will.

Im Büro

Von: Maximilian
Betreff: Schneeschuhe

Schneeschuhe damit man nicht einsinkt und die Eier kalt werden und du nachher keine Enkelkinder bekommst
http:/www.ebay.de/itm/ALASKA-Schneeschuhe-Snowshoe-Silber_71cm-/769549597608pt=Schnee-Schlitten/

Von: Mama
Betreff: Re: Schneeschuhe

Die kosten 119 €! Geh AUSSEN RUM!

PLÖTZLICH VEGETARIERIN

Abends

Beim Abendessen erklärt uns Hannah eine wichtige Entscheidung, die sie getroffen hat.
«Ich bin übrigens ab jetzt Vegetarier!»
Kurzes Schweigen am Tisch.
«Echt? Hast du dir das überlegt? Warum denn?», frage ich vorsichtig nach.
«Ich finde das echt voll schlimm mit den ganzen Tieren und so, und dann ist das auch eklig!»
Mein Mann und ich tauschen kurz einen Blick aus.
«Ja, okay, Hannah, wenn du dir das gut überlegt hast und das wirklich willst, dann respektieren wir deine Entscheidung natürlich.»
«Ja, Mama, schön! Aber das heißt konkret für dich, dass du ab jetzt ein Essen für die Familie kochst und eins für mich.»
«Ah soooo...»
«Und bei mir darf natürlich kein Fleisch und Fisch drin sein. Und natürlich auch keine Brühe. Und du musst bei allen Joghurts und Puddings, bei Gebäck, Cremes, Kuchen, eigentlich bei allen Lebensmitteln immer prüfen, ob da Gelatine drin ist.»
«Aha.»
«Und kauf Gummibärchen ohne Gelatine, die gibt's.»
«Okay...»
Jetzt muss man wissen, dass unsere Kinder jegliche Art von Obst und Gemüse verweigern. Hannah macht bei To-

maten und Erdbeeren manchmal eine Ausnahme. Bei Maximilian gibt's keine Ausnahmen. Das passt halt mit dem Vegetariersein nicht so richtig zusammen und schränkt die Möglichkeiten, das Kind zu ernähren, doch sehr ein.

Im Gegensatz dazu muss ich Maximilian zwingen, irgendeine Beilage zu essen. Das ideale Essen für meinen Sohn ist ein 350-Gramm-Steak ohne alles. Wenn ich ihn dazu bringen will, Gemüse zu essen, ignoriert er die Beilagen am Tisch, die ich vorher mit viel Liebe zubereitet habe, und holt sich ein trockenes Toastbrot, das dann in Ketchup ertränkt zu dem jeweiligen Fleisch gegessen wird.

Liste essbare Lebensmittel Hannah:
Nudeln
Kartoffeln
Reis
Pfannkuchen
Toastbrot
Käsespatzen
Pizza Quattro Formaggi

Liste essbare Lebensmittel Maximilian:
Fleisch
Wiener
Toastbrot
Pizza
Currywurst
Döner (ohne Salat, Zwiebeln und Soße – nur Brot und Fleisch. Der Besitzer des Dönerladens bei Maxis Schule nennt ihn den «Nur-Fleisch-Jungen»)

Es gibt also ein einziges Gericht, das ich beiden Kindern (in unterschiedlichen Varianten) kochen kann: Pizza! Jetzt raten Sie mal, wie oft es in der Woche bei uns Pizza gibt...

Unsere kleinen Monster essen auch immer nachts, wie Gremlins. Kommt vor, dass da mal zwei 500-Gramm-Becher Pudding über Nacht verschwinden. Aber ich bekomme nie mit, wann das passiert! Wenn ich um halb elf ins Bett gehe, sind die noch da. In der Früh – weg! Wachen die nachts um drei auf und denken sich «Ein Kilo Pudding wäre jetzt nicht schlecht»?

Neulich hab ich drei Paar Wiener gekauft – sechs Stück! In der Früh – alle weg. Das gibt's doch nicht! Sechs Wiener! Wohlgemerkt nach dem Abendessen (Pizza) und der Nachspeise (300 Gramm Vanilleeis) und dem Snack (1 Päckchen Gummibärchen).

Und da unser erstgeborenes Jungtier ja jetzt Vegetarierin ist, war das wohl Maximilian ganz allein. Wo steckt der das hin? Mich würd's ja zerreißen, wenn ich das alles essen würde. Oder zumindest würde ich fett werden. Aber unser Sohnemann wiegt 62 Kilo bei 1 Meter 80 Körpergröße. Ein Handtuch! Ein dünnes Handtuch!

Obwohl wir in einem Industrieland leben, in dem es an vielen Sachen mangelt, aber sicher nicht an Lebensmitteln, herrscht bei uns ein unheimlicher Futterneid. Es könnte ja eines der Kinder mehr bekommen als das andere. Deswegen wird bei uns auf Pflaster das Wort «MEINS» geschrieben und auf das favorisierte Lebensmittel im Kühlschrank geklebt.

Einmal bin ich vom Einkaufen nach Hause gekommen, und mein Sohn fing mich schon an der Tür ab mit den Worten: «Essen! Essen! Essen! Essen!» Gefolgt von freudigen

Luftsprüngen und Zusammenklatschen der Hände. Er hilft mir also tatsächlich beim Reintragen, und während ich alles verstaue, schaue ich nach rechts und sehe folgende Situation: Maxi stellt alle eingekauften Eistees (die er sehr mag) vor sich auf und holt einen Edding-Stift. Dann schraubt er überall den Deckel ab, leckt einmal um den Verschluss herum und schraubt sie anschließend wieder zu. Daraufhin schreibt er auf alle Eistee-Tetrapaks fett mit Edding: «Abgeleckt!»

«WAS TUST DU DA?»

Er schaut mich verständnislos an und sagt: «Natürlich die Eistees ablecken!»

Lieber Gott, gib mir die Kraft, Dinge zu akzeptieren, die ich nicht ändern kann, den Mut, Dinge zu ändern, die ich ändern kann, und die Weisheit, das eine vom anderen zu unterscheiden. Lieber Gott, gib mir die Kraft, Dinge zu akzeptieren ...

«Warum?»

Maximilian schüttelt lächelnd den Kopf und sagt gutmütig zu mir: «Na, damit Hannah die nicht trinkt.»

Ach, komm! So weit sind wir jetzt schon? Geht's eigentlich noch? Das ist ja eklig!

«Ja, aber du bräuchtest sie ja nicht wirklich abzulecken. Das könntest du auch einfach nur draufschreiben!», sage ich.

«Nee, Mama. Weißt du, das ist ja auch eine Respektsbezeugung der Hannah gegenüber. Das ist wie bei einem Minenfeld. Da steht dann auch: Vorsicht, Minenfeld! Wäre doch blöd, wenn da dann gar keine Minen wären, oder? Is klar, oder?»

Ich schaue meinen Sohn kopfschüttelnd an: «Ja, total.»

GESCHWISTERLIEBE

Abendessen

«Maxi, bei dir im Zimmer sieht's aus! Das ist ja dramatisch! Da liegt alles durcheinander. Und die Wäsche, die ich eine Dreiviertelstunde gebügelt hab, liegt immer noch im Wäschekorb. Ist das so schwer, die einzuräumen? Das räumst du nachher gleich auf! Keine Ausreden mehr. Heute wird das noch gemacht!»

«Ja. Mach ich.»

Und ich bin so ein naives Reh! Ich denke, er macht das TATSÄCHLICH! Ist aber auch wirklich schlimm, sein Zimmer. Der ganze Boden ist bedeckt mit Kleidung, Müll und Geschirr, und es gibt lediglich Laufwege von der Tür zum Bett und vom Bett zum Fernseher, die frei begehbar sind. Außerdem riecht es ganz merkwürdig, egal wie oft man lüftet.

«Mama, darf ich mir die Haare blau färben?», reißt mich Hannah aus meinen Gedanken.

«Was?»

«Darf ich mir die Haare blau färben?»

Hektisch kopfschüttelnd schaue ich mein weibliches Jungtier an: «Nein!»

«Warum nicht?»

«Du kannst dir doch nicht alle Haare blau färben? Wie sieht das denn aus? Geht das überhaupt? Die sind ja jetzt schwarz?!»

«Ja, des geht schon. Da muss man vorher zwei- bis dreimal

'nen Entfärber reinhauen und den ein paar Stunden einwirken lassen, und dann muss man zweimal blondieren, und dann kann man blau färben, ist ganz einfach!»

«Nein.»

«Kathi darf auch!»

«Nein.»

«Boah!»

Sie verdreht die Augen und geht auf ihr Zimmer. Na, das kennen wir ja schon ...

Im Büro

Nachricht von Maximilian:

Solln wir der Mama zu dem Schal noch ne Schoki oder so was schenken??

Hä? Was soll denn das?

10 Minuten später wieder eine Nachricht von Maximilian:

Scheiße! ☹☹☹ Lies das nich!!!!

Ach so! Fehlgeleitete Nachricht an das Schwesterlein zwecks meines Geburtstags. He, he!

5 Minuten später noch eine Nachricht von Maximilian:

SELBER SCHULD!! Bekommst eben KEIN Schal und KEIN Schoki weil du's gelesen hast!!!!

5 Minuten später:

Sag bitte nicht der Hannah dass ich mich verschrieben hab ... ☹

Ha! Jetzt hat er Schiss! Die würde ihn nämlich rasieren ... Manchmal bin ich ehrlich erstaunt über das Verhältnis der Kinder untereinander. Ist ähnlich wie in einer Ehe. Ich habe Freunde, die verheiratet sind und exakt das gleiche Verhältnis zueinander haben. Anders formuliert: SIE hat die Hosen an. ER gibt um des lieben Friedens willen nach.

Ein Beispiel: Hannah hört wirklich laut Musik. Und es ist keine schöne Musik. Meine kleine Hannah ist jetzt 16 und irgendwas zwischen Punk, Heavy-Metal-Freak und Gothic-Fan. Ihr Kommentar zu der Beschreibung wäre wahrscheinlich: «Boah, du hast echt gaaaar nix kapiert!» Und dazu würde sie die Augen so verdrehen, dass man nur noch das Weiße sieht. Aber ich kann's nicht anders beschreiben.

Hannah hat momentan pechschwarze Haare, und ihr Pony ist lang und hängt so in die Stirn, dass man ihre Augen nicht sieht, wenn man mit ihr spricht. Außerdem trägt sie ausschließlich schwarze Band-Shirts. Um die Hüften trägt sie einen Gürtel mit Metalleinsätzen, der keine Funktion hat. Der hängt da nur so.

Ihr Musikstil hat angefangen mit Nirvana (geil!), Metallica (hab ich auch gehört!) und Linkin Park (find ich voll geil!). Und ich dachte, ich bin so was von up to date – ich hab einen ganz ähnlichen Musikgeschmack wie meine Tochter. Mittlerweile aber mag sie Bands, da hört man vor allem das Schlagzeug und einen Haufen E-Gitarren, und vorne steht einer, der macht Screaming oder Shouting oder Growling oder einfach nur Brülling. Da versteht man gar nix mehr. Der steht da und kreischt entweder ganz hoch oder ganz tief. Und es gibt keinen Text und, ich glaub, auch keine Melodie, wenn doch, dann ist sie nicht erkennbar, weil der Rhythmus sehr, sehr, sehr schnell ist.

Also, auch wenn man selber Heavy Metal ganz gut findet, ist es sehr schwer, Verständnis für Hannahs Musikgeschmack aufzubringen. Das wirklich Lustige ist, dass Maximilian unser kleiner Gangster-Rapper ist. Also das komplette Gegenteil. Und als damals Bushido den Echo bekommen hat, fand er das mehr als okay. HALLO?! Hab ich nicht versucht, ihm beizubringen, selbst mitzudenken? Wie kann er das okay finden? (Ich glaube, damals haben nur Heino, Hannah und ich wirklich kapiert, was für ein Unsinn das war!)

Maximilian ist also das komplette Gegenteil von Hannah und mir. Dieser Rap ist aber auch wirklich ein Scheiß! Die Texte versteht man nämlich! Und wenn man da wirklich zuhört... Die haben doch alle ein Persönlichkeitsproblem! Wobei, wenn ich genauer drüber nachdenke, haben die eher einen Vollschatten. Kann man einfach nicht eleganter formulieren. Das sind irgendwelche kleinen Milchbubis, die in ihrem Leben noch nicht mehr erreicht haben, als sich selbständig irgendwo eine kleine Fanta zu bestellen, und die Sätze rappen wie: «Hey Alter, du kannst mir gar nix AB, ich bin der Macher, und ich häng hier AB, hab keinen BOCK, hab keinen JOB, bin wie 'n GESPENST aber der HENGST...» Was haben die denn bitte geraucht, als sie den Text geschrieben haben?

Im Moment sieht es bei uns zu Hause so aus, dass Hannah über 85 Prozent des Tages wirklich laut Musik laufen hat. Falls dann irgendwann Maximilian auch Musik anmacht (die Kinderzimmer sind nur durch eine Rigips-Wand getrennt), dauert es 30 Sekunden, bis sie zu ihm rüberrennt: duff, duff, duff (man hört die Erregung schon am Gang), tonk, tonk, tonk (wütendes Klopfen an der Tür). Maximilian öffnet.

«Kannst du vielleicht mal leiser machen?», wirft sie ihm direkt an den Kopf.

Maxi verteidigt sich: «Du hörst die ganze Zeit viel lauter, und ich sag auch nix!»

«NEIN! Deins ist viel lauter! Außerdem hörst du voll den SCHEISS! Mach das LEISER!»

WONK – und haut ihm die Tür vor der Nase zu.

Maximilian denkt sich, das ist mir zu blöd, und macht etwas leiser.

Zwei Minuten später: duff, duff, duff ... Tonk, tonk, tonk ...

«MACH LEISER!!»

«Ich hab doch leiser gemacht, jetzt reg dich ab!»

«NOCH LEISER!!»

Und ich sitze unten und stelle mir bildlich vor, wie ihr kleine Rauchschwaden aus der Nase aufsteigen.

Vor kurzem saß ich unten auf der Couch und las. Maximilian liegt auf der anderen Seite (unsere Kinder sitzen nicht auf der Couch – sie liegen ausschließlich) und schaut irgendeine Dokumentation mit dem Titel *Wir angeln den Monsterfisch*. Wer zum Teufel dreht solche Dokus? Nach einiger Zeit kommt Hannah runter und setzt sich auch auf die Couch. Es dauert eine Minute, dann sagt sie: «Maxi, schalt um, das ist ein Scheiß!»

«Nein, ich will das sehen!»

30 Sekunden Pause.

«Maxi, schalt um, das ist ein Scheiß!», sagt Hannah rigoros.

«Nein! Das ist voll interessant. Ich schau das schon seit einer halben Stunde. Ich will wissen, wie das ausgeht.»

«Jetzt komm schon, schalt um!»

«Nein!»

Maximilian umklammert die Fernbedienung. Hannah steht auf und schaltet den Fernseher aus.

«Sag mal, spinnst du? Ich wollte das sehen!»

«Das war so ein Scheiß!», sagt Hannah, schnappt sich eine Zeitschrift und legt sich auf die Couch.

Maxi schüttelt den Kopf und murmelt wüste Beschimpfungen, während er nach oben geht. Na, da hat ja mal jemand die Hosen an. Holla, die Waldfee! Zumal Hannah einen eigenen Fernseher im Zimmer hat ... Aber sie ist die Einzige hier, die Maxi wirklich im Griff hat. Mein Mann hat neulich gesagt, er wundere sich, dass Maxi ihr nicht mal eine scheuert. Ich hab geschimpft und gesagt: «Spinnst du? Der kann doch keine Frau schlagen! Geht's eigentlich noch?»

Mein Mann meinte nur: «Is ja keine Frau – is ja seine Schwester.»

Daraufhin hab ich seeeehhhhr böse geschaut und gesagt «Deine Einstellung als Erwachsener geht ja gar nicht!»

Aber eigentlich hab ich mir das auch schon gedacht. Dass der das so hinnimmt!?

Hannah verhält sich ein bisschen wie ein manisch depressiver Mensch. Es gibt Phasen, in denen ist sie dermaßen schlecht drauf. Sie wacht auf und verbreitet direkt schlechte Laune. Redet kein Wort. Wenn man sie etwas fragt, kommt «Mmhmm» oder «Nö» zurück.

Bei dem Versuch einer Konversation gibt es zwei mögliche Reaktionen:

1. «Stimmt doch gaaar nicht!»
2. «Boahh.» (Verdreht theatralisch die Augen.)

Alle Lehrer sind scheiße, die Schule ist scheiße, die beste Freundin ist gerade zickig, wir sind scheiße, die Weltwirtschaft ist scheiße, das Internet ist scheiße usw. («Hannah! Hör auf, scheiße zu sagen!»)

Und das Schlimme ist, man weiß nicht, wie lange diese Phase anhält – das kann einen Tag sein, mehrere Tage oder auch mal ein paar Wochen. Wenn Hannah in so einer Phase steckt, knien wir abends, bevor wir schlafen gehen, vor dem Bett und beten inbrünstig zu Gott, Er möge Gnade haben. Und Maximilian kniet neben uns und betet mit!

Die Schlecht-drauf-Phase wird dann abgelöst von der manischen Phase. Hannah steht auf und fängt sofort an zu reden: «Und das ist die Band, und die is so geil, und ich brauch unbedingt das neue Album, weil die sind so geil, und das ist gleich ausverkauft, und dann krieg ich das nicht mehr, und die spielen jetzt in München, und ich muss da hin, und die Kathi darf auch, und das heute in der Schule war voll mies von dem Lehrer, und weil sie haben dies und jenes gemacht, und das war aber auch geil, dass die anderen dann ...» («Hannah, hör auf, geil zu sagen!») Und das geht den GANZEN TAG so.

Ihren Bruder neckt sie lachend und spritzt ihn ein bisschen mit dem Wasser ihrer Trinkflasche an, um ihn anschließend freundschaftlich zu knuffen. Wenn ER das am falschen Tag machen würde, wäre er TOT! Das geht so schnell, ER WÜRDE NICHT MAL MITBEKOMMEN, dass er TOT ist!

Hüpft wie ein Pony in die Schule, um mittags heimzukommen und während des Essens einer doppelten Portion Kaiserschmarrns zu erzählen: «Und die Bandkarten, kann ich die heute bestellen, weil die Kathi darf auch, und wir fahren dann mit dem letzten Zug, aber ich muss das Album vorab bestellen, damit ich auch alle Lieder kenne, das wird so geil, und ich brauch dann unbedingt das Tour-Shirt, und ich freu mich schon. Die Chemie-Arbeit heute war voll der hamma! Und weißt du, was die Susanne heute in der Schule zur Bianca gesagt hat? Also die Susanne ...»

Irgendwann schwirrt einem der Kopf von dem ganzen Geplapper. Und das kommt alles nur von den Hormonen! Das ist doch unglaublich, was Hormone mit einem Menschen anstellen können. Ich hätte das nie für möglich gehalten. Ein Unterschied wie Tag und Nacht! Machen einen völlig kirre! Ich glaube, man könnte ganz viele psychische Erkrankungen heilen, wenn man den Hormonstatus in den Griff bekäme. Glaub ich wirklich! Seit bei den zweien die Hormonproduktion in Gang gekommen ist, haben da Veränderungen im Gehirn eingesetzt – bei einer leichten psychischen Krankheit kann es auch nicht schlimmer sein.

KLEINE REVOLUZZER

Im Büro

Von: St. Michael Gymnasium
Betreff: Hausaufgaben-Situation Ihres Sohnes Maximilian

Sehr geehrte Frau Denk,
leider müssen wir Ihnen berichten, dass Ihr Sohn Maximilian zum wiederholten Male die Hausaufgaben nicht erledigt hat. Er wird deswegen am Freitag die 7. und die 8. Stunde bei mir nachsitzen.
Außerdem fehlt seit Beginn des Schuljahrs vor sechs Wochen immer noch Unterrichtsmaterial, das dringend notwendig ist, damit Maximilian im Unterricht auch vernünftig mitarbeiten kann. Ebenso hat mir meine Kollegin mitgeteilt, dass Maximilian seit zwei Wochen nicht dazu in der Lage ist, die unterschriebene Religions-Arbeit mitzubringen.
Wir möchten Sie außerdem bitten, mehr auf die Ordnung und Sauberkeit der Hefte zu achten, bzw. darauf, dass die Arbeitsblätter auch eingeordnet werden, da Maximilian oft unfähig ist, diese zu finden.
Aufgrund der Gesamtsituation schlage ich ein persönliches Gespräch vor. Meine Sprechstunde ist am Mittwoch in der 4. Stunde. Bitte geben Sie doch im Sekretariat Bescheid, wann der Gesprächstermin stattfinden kann.
Mit freundlichen Grüßen
Evelin Habersack
Klassenleitung Klasse 7b

Na, der kann was erleben! Den mach ich heute Abend rund! Spinnt der? Aber das mit den Arbeitsblättern ist mir schon klar. Wie soll er die auch finden in dem Chaos? Die liegen ja alle im Zimmer auf dem Boden verstreut rum. Ich sage seit Wochen, er soll sie einordnen. Und wenn ich dann richtig sauer werde, weil das immer noch nicht erledigt ist, ordnet er die Blätter nicht etwa ein. Nein, nein, nein. Er stopft sie stattdessen alle in das Fach unter dem Schreibtisch. Nach fünf Tagen liegen dann alle Hefte und Blätter wieder auf dem Boden. Irgendwann langt es mir endgültig, und dann kommt die Höchststrafe: Blätter mit mir ZUSAMMEN einordnen. Aber bei fast jedem Blatt sagt er entweder «Das brauch ich nicht mehr» oder «Weiß nicht mehr, wo das hinmuss», sodass ich nach einer halben Stunde resigniert aufgebe.

Ich glaube wirklich, es ist unmöglich, unserem Sohn Ordnung beizubringen. Ich versuche das seit 14 Jahren. Völlig erfolglos. Und ich meine wirklich völlig erfolglos. Das hat sich bei ihm schon so manifestiert: Nur Spießer räumen auf. Coole Leute leben in Unordnung. Ich glaube, genau so denkt der! Das ist Revolution. Je wichtiger mir das Aufräumen ist, desto weniger macht er es, um zu zeigen, dass er cool ist und sich von mir abgrenzt. Ich weiß gar nicht, wie das werden soll, wenn er mal erwachsen ist! Der kann doch als Erwachsener nicht in einem solchen Chaos leben!

Frühstück

«Mama, darf ich mir zumindest den Pony blau färben?»
Geht der Tag ja gleich wieder gut los. Ich sehe meine Toch-

ter an und versuche, das größtmögliche Maß an Verständnis aufzubringen, das mir um diese Uhrzeit möglich ist.

«Wieso?»

Entnervtes Verdrehen der Augen.

«Weil das hamma aussieht!»

«Hannah, ich hab ja Verständnis! Ich hatte auch mal eine lila Strähne!», strahle ich sie an.

Meine Tochter reagiert weniger enthusiastisch als erwartet.

«Ja schön, Mama. Was ist jetzt mit dem Pony, wenn ich nicht schon alle Haare blau färben darf?»

«Aber du hast sie doch erst schwarz gefärbt! Das funktioniert doch nicht.»

Entnervtes Schnauben von Hannah.

«Mama! Ich hab's dir doch erklärt! Da muss zwei- bis dreimal Entfärber drauf, dann kommt da zweimal Blondierung drauf und dann die Farbe!»

«Ja, aber das ist ja ganz schlecht für deine Haare! Machen die das mit? Das ist ja jedes Mal die totale Chemie-Keule! Ich dachte immer, man darf nur einmal blondieren. Und dann vorher noch Entfärber und alles...»

«Nee, des geht schon!», sagt Hannah überzeugt.

«Na gut.»

Bin ja eine verständnisvolle, offene Mutter (und hab jetzt auch keinen Bock mehr auf die Diskussion).

«Okay, dann mach ich das morgen gleich. Da ist Samstag, da hab ich den ganzen Tag Zeit!»

Sie drückt mich kurz und hüpft die Treppen rauf wie ein kleiner, fröhlicher Welpe. Wieso braucht sie dafür einen ganzen Tag Zeit?

KLARSICHTFOLIE AM KOPF

Frühstück

Hannah läuft an uns vorbei in den Keller, um das Lieblings-T-Shirt zu holen. Um den Kopf hat sie sich Klarsichtfolie gewickelt, darunter sind die Haare mit irgendeinem Mittel befeuchtet.

«Morgen!»

Mein Mann schaut unser Töchterlein verblüfft an: «Was hast du am Kopf?»

«Is Entfärber. Wirkt besser, wenn Folie drum rum is.»

Jetzt schaut er mich völlig perplex an.

«Schatzi, die macht sich heute einen blauen Pony. Das ist irgendwie kompliziert ...»

«Aha.»

Eine Stunde später rennt Hannah ein weiteres Mal an ihm vorbei.

«Hannah-Schätzchen, jetzt hast du ja immer noch dieses Zeug drin!»

«Nee, das erste Mal hab ich schon rausgewaschen. Ist der zweite Entfärber-Gang!»

«Soso.»

Mittag

Hannah sitzt uns beim Essen gegenüber und hat unter der Plastikfolie mittlerweile gelbe Haare.

«Ist das jetzt immer noch Entfärber?», fragt mein Mann vorsichtig.

Entnervtes Verdrehen der Augen.

«Nein, das is jetzt Blondierung! Ist doch klar, oder?»

«Ja, ja, ist klar.»

Abendessen

Der vordere Teil ihrer Haare ist mittlerweile blau, der hintere Teil gelb. Wieder mit Klarsichtfolie umwickelt.

«Hannah, du kommst da schon klar, oder? Das funktioniert, was du da machst?», frage ich sie jetzt doch leicht besorgt.

«Jaahaaaa!», erhalte ich deutlich genervt als einzige Reaktion.

22 Uhr

Wir sitzen auf der Couch und sind kurz vorm Einschlafen. Hannah geht an uns vorbei, um den Kopf die Klarsichtfolie. Aber irgendwie scheint nun alles darunter schwarz zu sein.

«Hannah, jetzt ist es zehn Uhr abends! Wann ist das denn mal fertig? Was machst du denn da? Jetzt ist ja alles wieder schwarz! Was machst du denn mit deinen Haaren? Das geht ja nun schon den ganzen Tag so!»

Mein Mann ist jetzt doch mit seinem Verständnis am Ende.

«Nee, das passt schon! Ich hab die entfärbt und blondiert, damit sie heller sind, und dann hab ich den Pony blau gefärbt und jetzt färb ich alle anderen Haare wieder schwarz! Ist doch nicht so schwer zu verstehen, oder?»

Hannah versteht die Reaktion ihres Vaters nicht. Mein Mann kann nur sprachlos den Kopf schütteln. Mensch, da hoff ich mal, das geht alles gut, und der fallen morgen nicht alle Haare aus.

Nächster Morgen

Hannah präsentiert uns stolz das Ergebnis: Das Haar hat das Blau nur teilweise angenommen, weil vorher einfach mit zu viel Schwarz gefärbt wurde. Der untere Teil des Ponys ist blau, der obere schwarz. Man sieht das Blau nur, wenn sie den Pony hochhebt. Hannah ist trotzdem stolz und zufrieden mit dem Ergebnis, und wir verkneifen uns jeden Kommentar, bis sie weg ist.

Dann schaut mich mein Mann resigniert an und sagt: «Und dafür war der Aufwand gestern den ganzen Tag? Dafür, dass sie aussieht wie eine Wendedecke?»

ELTERNECKE

Im Büro

Ich erzähle meiner Arbeitskollegin Miriam von den Färbeversuchen meiner Tochter. Sie hat wie immer das Antennenkabel dabei.

«Weißt du, was meine Älteste gemacht hat? Die hat immer so große Ohrringe getragen. So schwarze Plastikdinger, und ich habe mir nichts dabei gedacht. Bis ich sie das letzte Mal zufällig aus der Dusche kommen sah. Mich hat fast der Schlag getroffen. Die hat jetzt riesige Löcher in den Ohren! Da kann man locker ein Zweieurostück durchstecken! Die hat mit den Plastikdingern die Ohrlöcher geweitet. Die heißen Plugs! Und jetzt hat sie Ohrlappen! Nicht Läppchen, sondern Lappen! Und wenn die Ohrstecker nicht drin sind, dann baumelt das Läppchen unten hin und her. Grausig! Irgendwie hab ich das übersehen, ich versteh das nicht. Das ist so schnell passiert», sagt Miriam kopfschüttelnd.

«Versteh ich schon, ist mir auch fast so gegangen.»

Ich tätschle ihr die Schulter.

«An so was denkt man ja nicht! Da kannst du nichts dafür. Ist nicht deine Schuld.»

«Meinst du?»

Sie sieht mich hoffnungsvoll an.

«Und sie trägt jetzt Plugs, die innen hohl sind, sodass man durchschauen kann als Beweis, dass die auch echt sind!», erzählt sie weiter.

«Gott, echt?!»

Miriam nickt ganz ernst.

«Das ist ja schrecklich! Kann man ja nicht mehr rückgängig machen!»

«Ich weiß», sagt sie traurig.

Von: Maximilian
Betreff: iPod

Hi Mama!
Bitte bestell nen ipod in weiß 16 Gb
http://Store.apple.com/de/browser/home/shop_ipod_fmaily_ipod-touch/select
Wenn was nich funktioniert schreibe mir bitte gleich oder schick eine sms, das muss so schnell wie möglich kommen also bitte bitte sofort gleich bestellen
Danke mutschatscho

Von: Mama
Betreff: Re: iPod

NEIN!!! Spinnst du?? Spar drauf!!

Von: Maximilian
Betreff: Hülle

Und ich hab auch ne super günstige Hülle gefunden!
http://www.ebay.de/itm/silikon-huelle-fuer-HTC-One-X-Case-Tasche-Cover-Schutz-Schutzhülle-/29837893798-DE-Handy.PDS

Von: Mama
Betreff: Spinnst du??

Siehe vorherige E-Mail.
NEIN!!
SPINNST DU? Ich kauf dir doch nicht einfach so nen IPOD!!

Von: Hannah
Betreff: Konzert

Hi Mama!
Das ist der Link zu dem Konzert von dem ich dir erzählt habe.
http://www.fwsc.de/Konzert/Tickets_online/Remove-Tour/870607/dku/Tour2014/89/k
Bitte, ich bin echt groß genug dass ich da allein hin kann! Vertraust du mir nicht?! Das ist schlecht für meine Entwicklung und mein Selbstwertgefühl!! Pädagogisch schlecht!!
Biiiiiiitte, ich muss da hin!! Ich lerne auch totaaaal auf die Mathe-Arbeit und geh dann gaaaaanz lange auf kein Konzert mehr! Die Kathi darf auch! Bitte sei ein cooooles Muhz!
Das ist echt total wichtig, weil das is die Abschiedstour und Kathis Mutter holt uns auch ab und pleeeeease!!!!!!!!!!!!!!!!!!!!!!!!!!!!!!

Wie? Die will allein auf ein Konzert gehen? Kommt gar nicht in Frage! Spinnt die? Der ist aber schon klar, dass sie gerade mal 16 Jahre alt ist, oder? Die wird da bestimmt zerquetscht, und keiner bemerkt das. Was da alles passieren kann! Ich weiß genau, was das für Typen auf solchen Konzerten sind – ich war da nämlich früher auch! Nein, nein, nein, meine kleine Tochter geht da nicht hin! Wieso erlaubt Kathis Mutter das denn? Versteh ich nicht. Die ist doch sonst recht vernünftig. Die werden vielleicht in der Menge zertrampelt! Das hat man doch schon oft gelesen, dass so was passiert. Und dann trinken die da ja auch alle. Außerdem findet die sich doch da gar nicht zurecht!

Gott, ich darf gar nicht dran denken, Hannah auf einem Konzert ohne Erwachsene. Bisher war einmal Kathis Mutter dabei, dann ich, dann Kathis Tante, das nächste Mal mein Mann und demnächst mein Bruder. Aber auf Dauer ist das natürlich auch teuer, weil man ja immer ein Ticket mehr kaufen muss – dafür, dass die Begleitperson den ganzen Abend in der Elternecke stehen muss.

Die Elternecke gibt es wirklich bei solchen Konzerten. Man geht rein und sieht: Es gibt eine Ecke, die liegt abseits, und man kann gut Richtung Bühne blicken, wo die Mädels bereits versuchen, sich irgendwie in die erste Reihe zu drängeln. Dann kommen irgendwann andere Erwachsene (erkennt man am Alter und daran, dass sie normal gekleidet sind), unsicher wirkend und immer Richtung Bühne blickend.

«Na, auch als Aufpasser da?»
«Jo! Meine ist die rechts mit den lila Haaren.»
«Ah ... Meine ist die Blaue!»
«Respekt, die is ja ganz vorne!»
«Jo!»
Und dann fängt die Musik an, wir drücken uns die Ohropax rein und lächeln uns ab und zu wissend zu, während wir uns vier Stunden lang ein Bier aus einem Plastikbecher einteilen, weil man ja die Gören noch heimfahren muss.

Wobei ich wirklich sagen muss, dass es auf den Konzerten absolut gewaltfrei zugeht. Die Leute sind da sehr positiv eingestellt. Hätte ich gar nicht so gedacht. Die Fans trinken maximal Bier – keinen Schnaps oder Alcopops oder so was. Und ich habe den ganzen Abend wie ein Cop die Szene beobachtet, konnte aber keine Anzeichen entdecken, dass da irgendwer Drogen nimmt, verkauft, Gras raucht oder dergleichen. Nichts. Die Leute sind alle gut drauf und gehen respektvoll miteinander um. Das Schlimmste, was ich bisher gesehen habe, war, dass ein trauriger kleiner Heavy Metaler in der Ecke auf seiner Jacke einschlief. Insofern kann man gar nicht mal meckern.

In der Mitte bildet sich manchmal ein Kreis, in dem die Leute pogen. Das heißt, dass alle wild umeinanderspringen und sich gegenseitig anrempeln. Aber das machen eigentlich nur Jungs, und wenn man sich da fernhält, ist das kein Problem – hat mir Hannah erklärt. Ich soll mich bitte nicht aufregen, wenn so was passiert. Wenn dann jemand richtig umgerempelt wird und zu Boden geht, helfen ihm die anderen auch wieder auf, also alles kein Problem. Es gibt noch ein paar andere Formen des «liebevollen» Anrempelns, aber von denen hab ich vergessen, wie sie heißen. Hannah hat mir hoch und heilig versprochen, sich von so was fernzuhalten, und soweit ich das gesehen habe, hält sie sich auch dran. Ist auch nicht ihr Ding, glaub ich.

Lustig ist auch, wie die Mädels so einen Konzertbesuch planen. Vor zwei Monaten hat Hannah meinen Mann breitgeschlagen, mit ihr und Kathi auf ein Konzert nach Kufstein zu fahren. Der konnte sich schon gar nicht mehr erinnern, dass er zugesagt hat. Das Konzert ist also nächsten Samstag, und gestern haben die beiden mal so das Planen angefangen.

«Okay, Hannah! Wann fängt das Konzert denn an?», fragt mein Mann motiviert.

«Um 20 Uhr!»

Dabei klatscht sie ganz schnell in die Hände, richtet sich auf wie ein kleines Erdmännchen und grinst von einer Backe zur anderen.

«Wann müssen wir dann wegfahren?»

«Allerspätestens um 14 Uhr!»

Meinem Mann bleibt der Bissen im Hals stecken.

«Ja, aber das ist ja sechs Stunden vorher. Wie lange fahren wir denn da hin? Doch nur eine gute Stunde! Okay, vielleicht neunzig Minuten, aber länger nicht!»

«Nein, dann ist es wieder halb drei, bis wir loskommen, dann is vielleicht Stau, und die Fahrt dauert doch zwei Stunden, dann ist es halb sechs, und um halb sechs müssen wir uns spätestens anstellen, sonst kommen wir nicht mehr in die erste Reihe, und außerdem müssen wir vorher noch zum Tour-Bus und das Band-Shirt kaufen, also eigentlich hast du recht – wir müssen schon um halb zwei los!»

Mein Mann schaut mich fassungslos an, schüttelt den Kopf mit einer Handbewegung in Richtung Hannah und macht dabei mit der anderen Hand das «Balla-Balla»-Zeichen.

«Da ist ein Flug nach New York ja kürzer! Spinnst du ein bisschen, Hannah? Hast du heute deine Tabletten nicht genommen, oder was? Schatz! Sag du mal was dazu!»

«Vielleicht halb drei losfahren?», schlage ich ratlos vor.

«Dann kommen wir zu spät!», jault Hannah.

«Ich fahr keine sechs Stunden vor Konzertbeginn los! Basta!»

MANGELHAFT

Im Büro

Von: St. Michael Gymnasium
Betreff: Klassenarbeit Ihres Sohnes Maximilian

Sehr geehrte Frau Denk,
Ihr Sohn Maximilian hat im Fach Englisch in der Schulaufgabe nur ein Mangelhaft erreicht. Leider ist die Schulaufgabe laut seiner Auskunft unauffindbar und kann nicht unterschrieben zurückgegeben werden. Bitte suchen Sie gemeinsam mit Ihrem Sohn Maximilian die Schulaufgabe, um sie unterschrieben an das Sekretariat zurückzugeben.
Leider hat Maximilian auch in der Deutsch-Schulaufgabe eine Fünf. Die Schulaufgabe ist zwar vorhanden, aber leider seit einer Woche nicht unterschrieben. Bitte kümmern Sie sich auch hier um die Erledigung.
Mit freundlichen Grüßen
Jens Mayer
Stellv. Direktor

Oh mein Gott! Ist das peinlich. Und gleich vom Direktor! Der denkt wahrscheinlich, ich kümmere mich gar nicht! Meine Güte, ist mir das unangenehm, ich werde direkt rot. Der glaubt vermutlich, ich bin so eine Flodder-Mutter, wir hausen im Wohnwagen, und ich lasse unsere Kinder total verlottern. Hilfe! Ich glaub, ich muss da unbedingt einen Termin machen, damit der sieht, dass wir anständige Leute sind. Und schon wieder so viele schlechte Noten! Und alles in Hauptfächern. Oje, oje, oje! Gott, ich breche gleich in wilde Panik aus! Und ich weiß gar nicht, wie ich meinem Mann das erklären soll. Spinnt der Maximilian denn jetzt? Der wirft ja seine ganze Zukunft weg! Was soll denn ohne Gymnasium aus dem werden?

Das hab ich mir nämlich ganz fest vorgenommen! Dass ich nicht den gleichen Fehler mache wie meine Eltern. Wenn die mich nur ein bisschen gefördert hätten, ich hätte locker das Gymnasium geschafft und studieren können. Aber meinen Eltern war so was nicht so wichtig. Die sind eher so wie die Kinder – alles gechillt. Also hab ich die mittlere Reife gemacht (dass sie mir Nachhilfe gezahlt hätten, war undenkbar) und bin mit zwanzig schwanger geworden.

Mein Bruder ist sehr intelligent, aber er war halt auch ein bisschen faul, deswegen landete er irgendwann auf der Hauptschule. Meine Eltern haben nur gesagt: «Mei, dann wird er halt a Handwerker.» Fanden sie alles nicht besonders tragisch. Bei uns gab's nie große Diskussionen darüber, ob wir aufs Gymnasium gehen. Meine Mutter hat das ziemlich pragmatisch gesehen. Die Aufwand-Nutzen-Rechnung von Mit-dem-Kind-lernen-damit-es-das-Gymnasium-schafft zu Ich-spar-mir-den-Aufwand-das-Kind-geht-auf-die-Realschule war meiner Mutter schnell klar.

Man darf das nicht schlechtmachen. Sie war eine gute Mutter, die immer liebevoll gekocht hatte, als wir aus der Schule kamen, und uns immer heimlich Geld zugesteckt hat. Aber der Weg des geringsten Widerstandes war ihr immer der liebste. Bloß keinen zu großen Aufwand betreiben. Und ich hab mir geschworen, dass ich das mal anders mache. Dass ich mich viel mehr um meine Kinder kümmere und sie sofort fördere und unterstütze, wenn es mal nicht so läuft. Die sollen die bestmöglichen Chancen bekommen, die ich ihnen bieten kann.

Ich renn mit den Kindern deswegen auch wegen jeder Kleinigkeit zum Arzt. Das ist manchmal wohl schon leicht übertrieben. Zumal es ein Unterschied ist, ob ein drei Monate altes Baby Fieber hat oder eine missmutige 15-Jährige, die größer ist als ich, ganz leicht erhöhte Temperatur. Bloß nichts übersehen, lieber einmal zu oft als zu wenig, lautet die Devise. Maximilian hatte letztes Jahr eine Zecke. Die hab ich nicht selber entfernt, obwohl wir eine Zeckenpinzette haben. Nein, um Gottes willen! Da bin ich direkt mit ihm ins Krankenhaus gefahren. Sicher ist sicher!

Ich hatte mit 15 Jahren mal ziemliche Regelschmerzen und lag mit Wärmflasche auf der Couch. Meine Mutter war ein bisschen genervt, weil sie ihre Lieblingssendung sehen wollte, und hat mir eine Schmerztablette gegeben. Auf die reagierte ich leider hochallergisch, und mir sind innerhalb von Minuten die Zunge, der Hals, Hände, Füße und Gesicht zugeschwollen. Meine Mutter hat dann bei unserem 68-jährigen Hausarzt angerufen, ob wir wohl kurz vorbeikommen könnten. Auf meine Frage «Mama mir geht's echt schlecht. Kann der Arzt vielleicht herkommen?» hat sie geantwortet: «Ja, natürlich. Der Arzt kommt jetzt extra her, damit die Prinzessin nicht aufstehen muss!» Also sind wir zum Arzt gefahren, und der hat sofort den Notarzt gerufen, der mich mit Blaulicht ins Krankenhaus gefahren hat, mit einem anaphylaktischen Schock. Meine Mutter sagt heute noch, dass das ja völlig übertrieben war.

Und mit genau dem gleichen Enthusiasmus wurde die Schullaufbahn von mir und meinem Bruder betrieben. Bloß nicht zu viel Aufhebens drum machen. Dass mein Vater mal mit uns gelernt, Vokabeln abgefragt oder uns beim Referat geholfen hätte, war undenkbar. Der kam von der Arbeit, hat mit uns zu Abend gegessen und ging direkt in sein Büro im ersten Stock und hat weitergearbeitet bis Punkt acht Uhr. Dann kam die *Tagesschau*, anschließend *Tatort* oder dergleichen, und das war's. Das waren die Tage meines Vaters. Ich kann mich nicht erinnern, dass er mal gefragt hätte, wie's in der Schule läuft oder ob einer von uns Hilfe braucht. Schulische Angelegenheiten waren Mamas Aufgabe. Die hatte da nur keine Lust drauf. Außer wenn es Zeugnisse gab und da schlechte Noten drinstanden, dann hat uns unser Vater antreten lassen und uns ordentlich ausgeschimpft. Meine Mutter stand hinter ihm und hat traurig genickt. Mein Bruder und ich haben uns gedacht: Was soll's? Das hier dauert zehn Minuten, dann ist das durch, und ich kann zu meinen Kumpels.

Und genauso war's auch. Zehn Minuten Geschimpfe – danach war alles so wie vorher. Das war die Art schulischer Erziehung meiner Eltern. Ich habe mir geschworen: Meine Kinder machen Abitur! Das bin ich ihnen als Mutter schuldig, und das ist meine Aufgabe. Ich helfe ihnen, ich besorge ihnen Nachhilfe, und ich greife ihnen unter die Arme, damit sie lernen, sich gut zu organisieren. Ich bringe sie zum Abitur, und dann haben sie den besten Start ins Leben. Dann sind sie volljährig, und es liegt in ihrer Verantwortung, was sie daraus machen. Aber ich will mir nicht irgendwann vorwerfen, dass ich ihnen nicht alles ermöglicht hätte!

Also, Maxi! Ab jetzt weht ein anderer Wind!

Im Büro

Von: Hannah
Betreff: Konzert

Hi Mama
Red du noch mal mit Papa! Bitteeeeee. Wir müssen da früher los!
Ich hab mal eine Graphik dazu gemacht.
So in etwa sieht's dann da aus nur mit ein paar Leuten mehr.
Und da ich VOR der Bühne und nicht irgendwo hinten in der Ecke stehen will, hab ich noch ein paar Sachen eingezeichnet ☺
Einzig logische Schlussfolgerung bei näherer Betrachtung wäre demnach um 13.30 Uhr loszufahren.

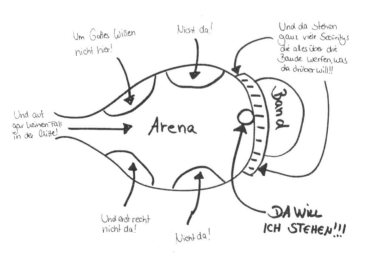

13.30 Uhr	–	Abfahrt
15.00 Uhr	–	Ankunft
15.00 bis 15.15 Uhr	–	Parkplatzsuche
15.15 bis 15.30 Uhr	–	zum Festzelt laufen
15.30 bis 15.45	–	Tourshirt am Tourbus kaufen
SPÄTESTENS ab 15.45	–	anstehen
19.00 Uhr	–	Einlass! Kathi und ich in die Halle und rennen ganz nach vorne! Papa: An die Bar oder ans Zelt stellen und Kaffee trinken
20.00 Uhr	–	Beginn Vorband (Hanger X) bin mir noch nicht sicher wann's genau anfängt – steht überall anders
21.30 Uhr	–	Beginn Hauptband (BÄÄÄM)
24.00 Uhr	–	Ende ☹
01.30 Uhr	–	Ankunft zu Hause
01.45 Uhr	–	Bett

Man beachte, dass wir sowieso wieder nicht pünktlich loskommen, wir im Stau stehen könnten, vielleicht tanken müssen oder sonst was. Also, das verzögert sich eh wieder!
Bitte mach das dem Papa klar! ☺
Danke und möge das Muhz mit dir sein!

DIE LIEBLINGSHOSE

Montag

Maximilian vermisst seine Lieblingshose.
«Mama, wo ist meine Lieblingshose?»
«Weiß nicht genau. In der Wäsche?»
Ich blicke kurz von meinem Buch hoch.
«Nee, ich hab schon alles durchgeschaut! In der schmutzigen Wäsche ist sie nicht, in der gewaschenen nicht, im Trockner und in der Waschmaschine auch nicht! Mama, ich brauch die dringend!»
«Okay, ich schau mal, wo die ist.»

Dienstag

«Mama, was ist jetzt mit der Hose?», drängt Maxi.
«Die ist weder in der Dreck- noch in der Bügelwäsche. Die muss bei dir oben sein! Du findest sie wahrscheinlich nur nicht in deinem Verhau!»
«Nein, ich hab alles schon dreimal umgeräumt! Die ist nicht da! Echt nicht! Bitte, Mama, ich brauch die ganz dringend!», sagt er flehend.
Also gehe ich noch mal in den Keller, überprüfe, ob die Hose eventuell hinter der Waschmaschine runtergefallen ist, sortiere zum dritten Mal die Bügelwäsche und überlege alle Eventualitäten, die mir einfallen – keine Hose.

Mittwoch

«MAMA! Ich brauch die Hose!»

Maxi ist sauer.

«ICH HAB DIE SCHEISS HOSE NICHT! Ich weiß auch nicht, wo die ist! Das gibt's doch nicht! Die muss bei dir im Zimmer sein!»

Ich bin auch genervt.

«Nein! Ich hab wirklich alles mehrmals durchgeschaut – ich hab die Wäsche vom Boden bestimmt schon fünfmal aufgehoben und durchsucht! Die ist nicht bei mir! Hundertpro!»

«Das gibt es doch nicht. Die Hose kann doch nicht einfach so verschwinden!»

«JA! Das seh ich auch so! Wo ist die? Die kann doch nur in der Waschküche verlorengegangen sein! MAMA, ich brauch die dringend! Die Hose ist total wichtig! Wo ist die?»

Maximilian regt sich richtig auf. Passiert auch nicht so oft, dass unser Chiller mal so richtig Blutdruck bekommt.

«Ich hab echt keine Ahnung, wo wir noch suchen könnten», sage ich resigniert.

Na gut, tief durchatmen. Ich bin die Erwachsene und muss lösungsorientiert denken.

«Hör zu, Maxi. Du schaust jetzt gleich oben noch mal alles durch, jede Ecke, alle Möglichkeiten, und ich mach das Gleiche hier unten. Die muss ja irgendwo sein. Okay?»

«Okay.»

Fünf Minuten später kommt Maxi nach unten – die Hose in der Hand.

«Da ist die Hose ja! Wo war sie?»

«Im Schrank! Aber ich hab die da nicht reingetan!», sagt

mein Sohnemann in vorwurfsvollem Ton und schaut mich böse an.

Ja. Glaub ich sofort, dass du die da nicht reingetan hast.

Im Büro

Von: Hannah
Betreff: Konzert

Please Mama ich kann wirklich allein mit Kathi auf das nächste Konzert gehen! Wir sind da die einzigen die mit einem Aufpasser hinmüssen. Das is END-PEINLICH.
Und die Entscheidung mit dem Konzert müsste echt in den nächsten paar Tagen fallen. Und die Konzerthalle ist praktisch direkt neben der S-Bahn Ostbahnhof. Heißt: Wir müssten nur bis zum Hauptbahnhof fahren und dann mit der S-Bahn zum Ostbahnhof.
Also ganz einfach ☺ Und wir sind ja auch zu zweit und Kathi darf auch! Außerdem haben wir ja beide ein Handy und die Leute da sind alle voll nett und die haben auch Wellenbrecher eingebaut damit da keine Panik entstehen kann oder die Leute nach vorne gedrückt werden (Ich weis das du immer Angst hast das ich erdrückt oder zertrampelt werde aber das ist echt total überzogen und in echt ist das da ganz anders als du meinst.).
Außerdem würde sich das für meine Persönlichkeitsentwicklung sehr positiv bemerkbar machen, wenn ich bestimmte Aktivitäten allein durchführen muss. Es gibt Studien die den positiven Einfluss einer Ermunterung zu Selbständigkeit seitens der Eltern belegen. Auch aus dem Tierreich. Außerdem gibt es Studien, die wiederum den schädlichen Einfluss von allzu viel

mütterlicher Fürsorge belegen (und da solltest du dir echt mal Gedanken machen).
Also bitte sein ein cooles Mutter-muhz und sag ja!!!
PLEEEEEEEEEEEEAAAAAAAASEEE!!!!!
Zu weiteren Risiken und Nebenwirkungen fragen Sie ihr Muhz oder Ihr Miep! ☺
Over and Out

Von: Mama
Betreff: Re: Konzert

Nur wenn du zur Hochzeit deines Onkels ein Kleid trägst, das wir vorher zusammen aussuchen!

Von: Hannah
Betreff: Re: Re: Konzert

Boah das ist echt voll gemein. Du weist genau wie wichtig das Konzert für mich ist und wie scheiße ich das mit dem Kleid finde …
Mmmmmmh
Okayyyyyyyyyyyyyyyyyyy. Deal

LEBE DEINEN TRAUM

Von: St. Michael Gymnasium
Betreff: Hausaufgaben-Situation Ihres Sohnes Maximilian

Sehr geehrte Frau Denk,
leider hat sich die Hausaufgaben-Situation Ihres Sohnes Maximilians seit unserem letzten Gespräch nicht verändert. Aktuell hat er in den letzten zwei Wochen dreimal die Hausaufgaben in Deutsch, fünfmal in Mathe und viermal in Englisch vergessen. Von den restlichen Fächern habe ich keine Kenntnis. Außerdem lässt das Notenbild stark nach.
Ich bitte Sie zu überdenken, ob ein Wiederholen der Klasse die richtige Wahl ist oder ob nicht ein Wechsel auf die Realschule, auch angesichts Maximilians Einstellung, die bessere Entscheidung wäre. Wir haben in der Lehrerkonferenz kurz über Maximilian gesprochen, und meine Kollegen sind der gleichen Meinung.
Für ein Gespräch stehe ich jederzeit zur Verfügung.
Mit freundlichen Grüßen
Evelin Habersack
Klassenleitung 7b

So! Jetzt ist es aus! Heute Abend Dreiergespräch mit Maxi. Der muss jetzt lernen! Wieso macht der seine Hausaufgaben nicht? Weil er faul ist und nicht einsieht, warum er sich auch nur ein bisschen anstrengen sollte. Und weil das

Zimmer wieder so aussieht, wie es eigentlich immer aussieht, und alle Lernsachen verstreut sind. Ich glaube, der findet seine Hausaufgaben schlichtweg nicht! Das ist das Problem. Und lernen kann er auch nicht, weil er seine Arbeitsblätter nicht findet, weil die auch überall im Zimmer auf dem Boden rumliegen. Und ich hab's ihm schon so oft gesagt!

Ich habe sein Zimmer auch schon oft genug selbst picobello aufgeräumt und alles eingeordnet, nur um drei Tage später festzustellen: Da sieht's aus wie vorher! Da resigniert man natürlich irgendwann.

Klar könnte ich deswegen jedes Mal mit ihm streiten und ihm Hausarrest geben. Aber das ist so schwierig und so anstrengend. Und wenn ich abends von der Arbeit heimkomme, mag ich auch einfach nicht mehr streiten. Da ist es manchmal der leichtere Weg, das in der Früh schnell selber in Ordnung zu bringen. Dauert zehn Minuten, und es gibt keinen Ärger. Ich weiß natürlich, dass das pädagogisch nicht richtig ist. Ich muss das auch heimlich machen. Mein Mann hat gar kein Verständnis dafür. Der sagt, dass es ganz schlecht ist, wenn ich es dem Maxi so einfach mach und der das nur ausnutzt. Da hat mein Mann ja grundsätzlich auch recht. Manchmal ist es so halt einfach stressfreier.

Aber ich muss jetzt echt konsequenter werden. Was ist denn da dran so schwierig, die blöden Blätter einzuordnen? Ich kapier's nicht! Das dauert eine Minute! Das ist doch nicht so schwer! Ebenso: Ob ich die gebrauchte Wäsche in den Wäschekorb (im Zimmer!) oder auf den Boden werfe, ist doch der gleiche Aufwand, oder? Warum macht er das nicht? Ich krieg echt die Krise. Mein Mann geht vorsichtshalber schon gar nicht mehr in das Zimmer. Ist auch besser so, denn wenn der wüsste, wie es da aussieht, der würde durchdrehen!

Meine andere Arbeitskollegin hat vier Söhne. Die zwei jüngsten sind Zwillinge, mittlerweile 19 Jahre alt und im ersten Semester an der Uni, wohnen aber noch daheim. Sie hat mir erzählt, dass sie, seit die Jungs 12 Jahre alt sind, irgendwie versucht, deren Zimmer in Ordnung zu halten: mit vernünftig reden, mit Strafen, mit Belohnung, mit ständig selbst aufräumen. Hat alles nix gebracht. Sie sagt, sie hat irgendwann einfach kapituliert und geht nun nicht mehr in das Zimmer. Betritt den Raum einfach nicht mehr. Sie erträgt es nicht mehr. Der Konflikt übersteigt ihre Kräfte. Sie war jetzt seit vier Monaten nicht mehr in dem Zimmer. Und die Jungs sind 19 Jahre! Ich darf gar nicht drüber nachdenken, dass das Ganze eventuell noch vier Jahre so weiterläuft. Und meinem Mann darf ich das unter gar keinen Umständen erzählen. Der denkt, in sechs Monaten ist Maxi wieder normal. Hat meine Arbeitskollegin auch gedacht.

Manchmal überlegt sie sich, in die Zimmer reinzuschauen, denkt sich aber dann im letzten Moment, dass sie das wahrscheinlich zu sehr aufregen würde, also lässt sie es. Ich versteh sie! Ich versteh, dass man irgendwann sagt: «Ach, ich mach jetzt einfach die Augen zu, dann ist es auch nicht da!» Aber das ist doch keine Lösung, oder? Wir können doch nicht vor unseren Jungtieren kapitulieren? Die können uns doch nicht so weit bringen! Oder?

Abendessen

Das männliche Jungtier kommt gleich zur Sache:

«Mama, jetzt hör endlich auf, mein Zimmer aufzuräumen! Ich will das nicht. Ich hab das jetzt echt schon so oft gesagt!»

«Man kann das Zimmer aber auch nicht so lassen, Maximilian! Ich akzeptiere das einfach nicht! Außerdem hab ich nicht aufgeräumt, ich hab nur die Wäsche vom Boden geräumt!», verteidige ich mich.

«Ja, lass das!», kontert er.

«Nein!»

«Mama, ich will nicht, dass du in meinem Zimmer rumwühlst!»

«Jetzt reg dich ab. Ich wühl überhaupt nicht! Ich heb die Wäsche vom Boden auf! Und die Arbeitsblätter! Warum ordnest du die nicht ein? Und die Hefte und Bücher! Die liegen alle in den Müllbergen auf dem Boden! Das kann man doch so nicht lassen! Wenn du es nicht aufräumst, mach ich es!»

«Lass das! Das is meine Sache!»

«Nein!»

Maximilian schnaubt und schaut mich an. Er wird langsam echt sauer. Normalerweise ist er bei Diskussionen sehr ausgeglichen, aber dieses Thema macht ihn schier wahnsinnig.

«Mama, lass das! Ich will das nicht!»

«Nein!»

«Mama, ich versteck die Wäsche!», droht Maximilian.

«JA, MAXI! Mach das! Versteck sie im SCHRANK!»

So viel zum Thema Dreiergespräch über Maxis Hausaufgaben ...

Im Büro

Von: Hannah
Betreff: Muhz!

Mama ich komm gleich zur Sache!
Ich hätte furchtbar gern ein winzig kleines Tattoo auf dem Fußrücken!
Ich bin ja schon sechzehn und halte mich durchaus für erwachsen genug für so was, weil ich:
1. Mir die Stelle genau überlegt hab: Am Fußrücken sieht's ja niemand!
2. Ich ein Tattoo Studio gefunden habe, das TÜV zertifiziert ist und einen sehr hohen hygienischen Standard hat. (Ich weiß dass dir so was wichtig ist)
3. Ich einen wirklich tollen Spruch gefunden habe, mit dem ich mich total identifiziere. Ich habe wirklich lange darüber nachgedacht und ich bin mir sicher, dass ich diese Aussage, mein ganzes Leben lang mit tiefster Überzeugung und vollen Herzens unterstütze!

Es ist auch wirklich ein hamma Spruch!
Du bist jetzt sicher schon gespannt, also will ich ihn dir verraten!
«Träume nicht Dein Leben – lebe Deinen Traum!»
Das ist doch soooo hamma oder??
Bitte Mama ich weiß das du im Grunde deines Herzens cool bist!!
Das wäre ganz wichtig für mich, weil ich mich damit unheimlich identifizieren kann!
Und deswegen wäre es wichtig, dass du auch den Papa überzeugst! Okay??

Ich würde mich soooooo freuen!! Pleeeeeeease!
You are the very best Mothership on earth!! ☺

Als ich die E-Mail lese, bin ich zuerst erschrocken und dann wütend. Spinnt die jetzt völlig? Ich glaub, jetzt geht's los! Die will sich tätowieren lassen? Nur über meine Leiche!

Aber als ich den Satz lese, den sie sich tätowieren lassen will, muss ich langsam anfangen zu lachen. Und je mehr ich drüber nachdenke, desto mehr muss ich lachen.

«Träume nicht dein Leben – lebe deinen Traum.»

Ja, eine WAHNSINNSWEISHEIT! Mir laufen schon die Tränen ein bisschen runter, und ich kann nicht aufhören zu lachen. Meine Kollegen schauen mich bereits besorgt an, aber ich winke ab – «Alles okay – muss kurz telefonieren!» – und gehe flotten Schrittes raus vors Büro, um meinen Mann anzurufen.

Ich erzähle ihm also kichernd die Idee unserer hochintelligenten Tochter, und wir lachen uns beide geschlagene 10 Minuten am Telefon schlapp.

Die sind ja witzig in dem Alter!

DIE KLEINEN MONSTER SPINNEN!

Im Büro

Von: Maximilian
Betreff: Shisha

Sehr geehrtes Muttermuhz!
Hab mal gegoogelt, ob in Shisha Steinen Nikotin ist.
Es ist kein Nikotin in den Steinen. Sie bestehen nur aus einer Gewürz Mischung.
Natürlich will ich dich jetzt dazu überreden, dass ich mir eine Shisha kaufen darf.
(Zum chillen und wenn mal Freunde kommen).
Ich bezahl sie selbstverständlich selbst.
http://www.head-shop.de/0896907.html?id=83lijdf
das ist der link.
Ich hab sogar geruchs- und rauchfreie Kohle gefunden ☺
http://www.head-shop.de/00757-4KN.html
So hast du nun mehr Zeit zum überlegen. Wenn du dich mit Papa besprochen hast, kannst du mir ja eine sms schreiben am Nachmittag, wenn du die Zeit findest.
Alles Gute
Dein Maximilian
P.S. das ist dann nur Wasserdampf mit Geschmack

HAT DER EIGENTLICH EINEN VOLLSCHATTEN?
    Was ist denn mit den Kindern los? Ist bei uns irgendwas im Grundwasser? Ich kauf dem doch keine Shisha! Dass der

sich das überhaupt zu fragen traut! Ich könnt ihm ja noch ein bisschen Marihuana dazubestellen, dann rentiert sich's gleich richtig, und wir können ihm da oben eine kleine Gras-Bude einrichten, und ich back dann auch gleich kleine Haschkekse für ihn und seine Freunde, damit sie völlig stoned sind!

HAT DER EIGENTLICH EINEN VOLLSCHATTEN?

Ich kann mich gar nicht beruhigen – ich brauch ein Stück Schokolade! Jetzt gleich. Eine Shisha! Tsss! Wo hat der die Idee her? Das kommt doch sicher von seinen Freunden. Muss ja. Gibt's doch gar nicht. Letztes Jahr hat der sich noch gefreut, wenn ich ihm Gummibärchen mitgebracht hab. Und heute will der eine Shisha? Was ist denn passiert? Wie konnte der sich in so kurzer Zeit so verändern?

Von: Mama
Betreff: Re: Shisha

HAST DU EIGENTLICH EINEN VOLLSCHATTEN!!

Ich muss unbedingt mal mit meinem Bruder reden. Der ist der Einzige, auf den die Kinder im Moment ein bisschen hören. Mein Bruder ist – sagen wir mal so – sehr liberal eingestellt. In den Augen meiner Kinder bin ich (liebevoll formuliert) sehr, sehr konservativ und mein Bruder cool. Also, in den Worten meiner Kinder bin ich «ungechillt» und mein Bruder «gechillt». (Und «gechillt» ist als großes Kompliment gemeint.)

Weil er:
1. tätowiert ist.

2. einen großen Ring im oberen Teil des Ohres trägt.
3. einen ähnlichen Ordnungssinn hat wie die Kinder.
4. durchaus Verständnis für den Musikgeschmack beider Kinder hat.
5. auch mal ein ganzes Wochenenden nix macht und chillt.
6. ein sehr, sehr lockeres Verhältnis zu Alkohol hat.
7. mich für eine Spießerin hält (bin ich aber gar nicht).

Aber ich vermute, die aktuellen Vorstellungen der Kinder gingen selbst ihm zu weit. Okay, der Plan wäre: Ich schreib ihm eine E-Mail mit der Situation und leite sie auch an die Kinder weiter. Wenn er das dann auch kritisch sieht, bin ich fein raus und keine Spießerin! Hehe, ein kluger Plan.

Von: Schwesterherz
CC: Hannah, Maximilian
Betreff: Die kleinen Monster spinnen!

Hi Blutsbruder!
Die Kinder machen mich fertig!
Die Hannah war mit Kathi allein auf einem Konzert in München, und nachdem sie mir erzählt hat, was sie da alles so gemacht hat, hat's mich fast vom Hocker gehauen!
1. Crowdsurfing (in der Menge auf allen Händen getragen und durch die Halle gereicht)
2. Sie war in einem Moshpid (Kreis wo sich alle wild gegenseitig anrempeln).
3. Bei einem völlig Fremden auf den Schultern gesessen!
4. Von einem Betrunkenen kurz abgeschmatzt, der sie für seine Freundin gehalten hat.

5. Von anderen Konzertbesuchern mit Bier beschüttet worden.

ALTER!!!

Aber das ist alles voll hamma und total hamma und super mega hamma, und ich brauch das gar nicht so schlimm zu finden, weil:

a. ihr der Typ nicht an die Hupen gefasst hat.
b. die da alle voll hilfsbereit sind, und wenn man da beim Pogen umgerempelt wird, helfen die einem auch wieder auf.
c. es gab da auch Sanitäter.
d. es nicht mal einen Circle auf Death gab (Wie bei einem Gefecht stehen sich zwei Menschenreihen gegenüber, die dann alle Vollgas aufeinander zulaufen).

Also alles easy ...

Wo ist denn bitte mein kleines Mädchen geblieben?

Wohingegen mir der Knirps eröffnet hat, dass er und seine Kumpels das mit dem Rauchen ziemlich locker sehen und er gerne eine Shisha möchte! Geht's noch? Vor drei Monaten war der noch glücklich, wenn er Simpsons anschauen und dabei Chips essen durfte!

Wie siehst du das? (Antwort auch an die beiden Monster)

Ich bin stark gegen alles!

Danke

PS: Noch ein ganz wichtiger Tipp: BEKOMME KEINE KINDER!!! NIE!!

Von: Onkel Christian
Betreff: Re: Die kleinen Monster spinnen!

Mahlzeit!
Na super – grade jetzt, wo wir Kinder wollten ;-)
(Nein, nein, brauchst dich nicht zu freuen, war ein Witz. W wie Witz!)
Du machst mir ja Spaß. Wieso hab ich mich breitschlagen lassen, nächste Woche mit ihr auf das B.M.H.T-Konzert zu gehen? Ich dachte, wir fahren dann auf ein gemütliches Konzert (hab insgeheim auf Sitzplätze gehofft), aber mittlerweile macht die einen auf Rockerbraut!
Vielleicht können wir die Konzertkarten noch gegen eine der Flippers eintauschen ;-)
Zu 1: Können die mich beim Crowdsurfing auch tragen?
Zu 2. Wenn mich einer von diesen Rotzlöffeln anrempelt, streich ich ihm eine auf!
Zu 3: Na toll!
Zu 4: Na toll! (siehe Punkt 2 unter «aufstreichen»)
Zu 5: Na toll! Bier ist nur zum Trinken da!
Zu den weiteren Punkten:
Zu a: siehe Punkt 2 unter «aufstreichen»
Zu b: siehe Punkt a
Zu c: Da bin ich ja beruhigt. Da kann dann der Rotzlöffel hin, wenn ich ihm eine aufgestrichen hab.
Zu d: Soll ich eine Waffe mitnehmen?
Ich glaub, ich werd zu alt für so was.
Oder sie ist zu jung für so was.
Auf was hab ich mich da eingelassen?
Ich war in dem Alter froh, wenn ich mir Wetten dass! bis zum Ende anschauen durfte.

Nun zum kleinen Kampfgnom:
Ich weiß, dass in der Shisha kein Nikotin drin ist. Aber ich glaub auch, dass es ein Einstieg zum richtigen Rauchen ist. Ich rauche jetzt seit einem Jahr nicht mehr und traue mich nicht, eine Shisha zu rauchen, weil ich Angst hätte, rückfällig zu werden. Es ist halt trotzdem Rauchen. Wenn er Wasserdampf mit Geschmack will, kann er ja ein Erkältungsbad inhalieren.
Diese E-Mail darf auch an minderjährige Familienmitglieder weitergeleitet werden bzw. es darf der Inhalt besprochen werden.
Auf etwaige Rechtschreibfehler ist nicht zu achten.
Mit freundlichen Grüßen und Glück Auf!
Onkel Christian.

Von: Mama
Betreff: Siehst du!

SIEHST DU HANNAH!! Der Onkel Christian sieht's auch so! NICHT NUR ICH!

Von: Mama
Betreff: Siehst du!

SIEHST DU MAXI!! Der Onkel Christian sieht's auch so! NICHT NUR ICH!

Von: Hannah
Betreff: Re: Siehst du!

So schlimm war's auch nicht.
Im übrigen heißt es Wall of Death nicht Circle of Death!
Bis später

Von: Maximilian
Betreff: Re: Siehst du!

Dann halt nich

DER KAPIERT DAS NOCH!

Abendessen

Ernstes Gespräch mit den Kindern bezüglich der Zeugnisse.

«Hört mal, Kinder! Wir müssen uns unterhalten wegen der Zeugnisse. Hannah! Wir wissen schon, dass das G8 schwer ist, aber du musst jetzt echt aufpassen, dass dir die Felle nicht davonschwimmen. Das geht so schnell! Am besten, wir suchen mal eine Mathe-Nachhilfe. Was meinst du?»

«Nee, das is bloß wegen dem blöden Hammerl. Der kann gar nix erklären, und wenn man den in Mathe was fragt, sagt der bloß: ‹Das musst du jetzt einfach rechnen!› Das sagt der! Der erklärt nix! Der sagt: ‹Das musst du jetzt einfach rechnen!› Ich mein, so kann man doch kein Mathe erklären. Und wenn ich nächstes Jahr jemand anderes hab, dann ist die Note auch gleich wieder gut, und die Kathi kann's mir auch erklären, weil die is gut in Mathe. Alles easy! Und in Französisch, das is bloß wegen der letzten Schulaufgabe, da hat der ganz was anderes angesagt, und dann kam das aber nich dran, und deswegen war die eine Schulaufgabe eine Fünf, und das hat mich im Schnitt natürlich voll runtergezogen, und Physik kann ich nächstes Jahr abwählen. Also kein Problem!»

Mit diesem Plädoyer ist die Diskussion für unser weibliches Jungtier abgeschlossen, und sie wendet sich wieder ihren Käsenudeln zu.

Lieber Gott, gib mir die Kraft, Dinge zu akzeptieren, die

ich nicht ändern kann, den Mut, Dinge zu ändern, die ich ändern kann, und die Weisheit...

«Na gut, wir organisieren vielleicht mal eine Mathe-Nachhilfe. Das wäre doch eine gute Idee. Das hilft dir sicher!»

«Yaaay...», lautet die enthusiastische Reaktion unseres Kückens.

Resigniert wende ich mich dem männlichen Jungtier zu.

«Maximilian! Das ist wirklich ganz dramatisch mit deinem Zeugnis! Ich meine, vier Fünfen und eine Sechs! Du hast uns doch versprochen zu lernen! Wir haben doch auch immer zusammen besprochen, welche Themen und welche Vokabeln du in Englisch lernen sollst – fast jeden Tag. Und jetzt hast du da eine Sechs! Wie geht das denn? Deine Lehrer haben auf der Lehrerkonferenz einstimmig entschieden, dass es aufgrund deiner Einstellung keinen Sinn hat, dass du wiederholst! Sie haben uns dringend empfohlen, dass du auf die Realschule wechseln solltest. Gleich jetzt zum Halbjahr. Weißt du, was das heißt?»

«Nee, ich lern jetzt echt mehr.»

«Wenn du nicht auf die Realschule wechseln willst, solltest du eigentlich gleich jetzt schon zum Halbjahr wiederholen. Die Lehrer sehen gar keine Möglichkeit, dass du die Klasse schaffst!»

«Doch! Ich schaff das! Ich lern jetzt! Versprochen.»

«Wirklich? Weißt du, dass es um deine Zukunft geht und wie wichtig das ist?»

«Ja, weiß ich.»

«Und besonders in den Fremdsprachen! Maximilian, du musst echt konsequent deine Vokabeln lernen!»

«Ja, mach ich.»

«Und in Deutsch! Die Frau Huber engagiert sich so mit

deiner Lese-Rechtschreib-Schwäche! Das musst du daheim mehr üben! Wenn du erwachsen bist und die Rechtschreibung nicht richtig kannst, ist das doch ganz blöd für dich!»

«Ja, ich lerne ab jetzt. Versprochen!»

«Schau, wenn du jeden Tag nur eine Stunde lernst, dann ist das ja völlig ausreichend. Überleg mal, jeden Tag eine Stunde! Was ist das? Nichts! Denk doch mal nach, wie viel du fernschaust. Aber mit dieser Grundeinstellung kannst du nicht auf dem Gymnasium bleiben!»

«Nee, ich lern ab jetzt. Versprochen!»

«Obwohl die Lehrer sagen, dass das superschwer wird, dass du das Klassenziel erreichst?»

«Ja, bis jetzt hatte ich keinen Bock, aber jetzt hab ich Bock, jetzt lern ich. Versprochen.»

«Wirklich?»

«Ja.»

«Und du sagst das nicht nur so, weil du noch das halbe Jahr bei deinen Freunden in der Klasse bleiben willst?»

«Nein. Ich lern jetzt. Versprochen.»

«Okay. Dann schlagen wir jetzt darauf ein! Deal. Wir verlassen uns auf dich!»

Er klatscht mir halbherzig auf die geöffnete Handfläche. Ich halte beide Daumen hoch.

«Okay! Super! Deal!»

Zwanzig Sekunden sagt keiner was.

«Hey, können wir jetzt gehen?», fragt Hannah.

Ich zucke mit den Schultern, und weg sind sie. Mein Mann nimmt meine Hand und schaut mich nachsichtig an.

«Schatzi, meinst du, das Gespräch hat jetzt irgendwas gebracht?»

«Ja, ich glaub schon! Vielleicht hat er ja jetzt verstanden, dass es fünf vor zwölf ist...»

Er nimmt mich ganz fest in den Arm und sagt: «Du bist viel zu gutgläubig und naiv bei den Kindern – aber irgendwie ist das auch lieb an dir!»

«Aber... ich glaub wirklich, dass er jetzt lernt!»

Im Büro

Von: Maximilian
Betreff: miep muhz

Hallo!
Hab mal im Internet geschaut was gegen Pickel hilft.
Es hieß das Aknenormin Tabletten am besten helfen. Mit Abstand.
Das wird auch von Ärzten empfohlen.
Kannst du mal einen Hautarzt fragen, ob er mir das verschreiben kann?
Wäre wirklich gut.
Die Nebenwirkungen sind trockene Augen, Kopfschmerzen und Unruhe-Zustände.
Aber da hab ich lieber die als Pickel...
Desto früher du anrufst desto besser.
Also bitte überlegs dir gut
A lot of fun – das Maxi Tier
PEACE OUT!

Von: Mama
Betreff: Kleid

Hallöööööööchen Töchterlein!
Welches Kleid findest du denn am besten? (Siehe Anhang 1–7)
Ich finde, das erste gut, da ist die Schleife so schön! Und das zweite auch, da ist der Schnitt super! Und das vierte ist auch voll süß! Aber beim letzten ist die Farbe so schön! Ich find alle gut! Und du?

Von: Hannah
Betreff: Re: Kleid

OH MEIN GOTT!!
Das erste geht noch halbwegs aber der Rest ...
MUHZ!!!!

Abends

Ich komme mit Unmengen an Lebensmitteln heim, auf vier Einkaufstüten verteilt. (Wer zum Teufel isst hier eigentlich immer so viel?) Maxi sitzt am Küchentisch und lernt. Mir fallen fast die Einkäufe runter. Der lernt! Von alleine. Mensch, endlich hat er es kapiert! Oh, ich freu mich so! Wusst ich's doch immer – eigentlich ist er ein guter Junge. Jetzt hat's bei ihm «Klick» gemacht, jetzt wird alles gut. Hab ich meinem Mann doch immer gesagt: Der kapiert das schon noch, dass es ohne lernen nicht geht. Ha! Und er hat's mir nicht geglaubt!

Ich stelle die Einkäufe auf der Küchenzeile ab, gehe zu Maxi an den Tisch und drücke ihm freundschaftlich die Schulter.

«Hey, du lernst ja! Super, Maxi, das freut mich jetzt echt total, dass du das von selber machst! Klasse!», strahle ich ihn an. «Bin stolz auf dich.»

«Mom, das is für die Fischerprüfung. Chill mal», sagt Maximilian genervt.

«Ach so. Nicht für die Schule?»

«Moooooom...»

«Ach so.»

Ich schleich geknickten Hauptes von dannen. Oh Mann... hab mich schon so gefreut. Ich dachte, er hat's jetzt kapiert, und wir können dieses sorgenvolle Kapitel abschließen. Mist. Aber ich glaube ganz fest daran. Der kapiert das noch!

DIE KINDER VERBÜNDEN SICH

Seit Wochen verstehen sich die Kinder schlecht – eher seit Monaten. Wenn Hannah und Maxi neutral miteinander umgehen, war das ein guter Tag. Jeden zweiten Abend kommt eins von den Kindern runter und beschwert sich bitterböse über die Musiklautstärke des jeweils anderen. Oder die geringe Bereitschaft, Fehler zuzugeben, einseitige Denkweise, Egoismus usw. Und beide machen das mit einer Inbrunst und einer rhetorischen Fähigkeit – jeder Staranwalt könnte sich für sein Plädoyer noch was abschauen von unseren Kindern.

Heute Nachmittag hatte mein Mann ein ernstes Gespräch mit Maximilian bezüglich seiner «schulischen Laufbahn». Mein Mann lässt sich von Maximilian nicht so an der Nase herumführen wie ich, deswegen hat Maximilian, als er bemerkte, dass es diesmal nicht so funktioniert wie sonst, völlig zugemacht und war für keine vernünftige Diskussion mehr zu gebrauchen. Nun ist er sauer, weil mein Mann sich in Zukunft wieder die Hausaufgaben zeigen lassen will, wie früher in der Grundschule. Wir haben beschlossen, das zu ignorieren.

Hannah ist im Moment sowieso von allem genervt, was wir sagen. Seit Wochen ist sie permanent sauer auf uns, wir haben eigentlich keine so richtige Ahnung, warum, und ignorieren das daher, so gut es geht.

Nach dem Gespräch mit meinem Mann ist Maximilian

schnurstracks ins Zimmer seiner Schwester. Dort quatschten die beiden zwei Stunden! Das haben wir seit einem Jahr nicht mehr erlebt. Zwischendurch haben sie sogar angefangen, sich gegenseitig mit nassen Waschlappen zu bewerfen. Sie hatten dabei einen Riesenspaß und quiekten wie kleine Meerschweinchen. Eigentlich ganz süß.

Sie können also durchaus miteinander Spaß haben, wenn sie wollen. Am besten, wenn jeder von ihnen grad mit uns Streit hat. Nur MIT uns ist das anscheinend nicht möglich. Und wir sollen uns jetzt nicht verarscht vorkommen? Ich überlege, sie deswegen richtig auszuschimpfen. Wir bemühen uns so, mit ihnen zu reden, machen uns Gedanken und setzen uns mit ihnen auseinander, und die belastet das so sehr, dass sie sich gegenseitig mit Waschlappen bewerfen und sich dabei den Arsch ablachen? Nach dem Motto: Der Feind meines Feindes ist mein Freund? Tssss... Undankbare Brut!

Im Büro

Von: Mama
Betreff: Huuuhuuuuuu

Da!!!!! Was meinst du??
Ich find das erste Kleid am besten! Und das vierte ist auch super! Das zweite auch! Und du? ☺

Von: Hannah
Betreff: Re: Huuuhuuuuuu

Boah MOM EY!!!!...............?!?!?

Von: Mama
Betreff: Re: Re: Huuuhuuuuuu

Und wir werden noch sehr viele solcher E-Mails austauschen. Wie schön!

Von: Maximilian
Betreff: al massiva Kette

Sei gegrüßt du muhz,
ich hab dir schon eine e-mail geschreiben. glaub aber der nich gesendet. also noch mal.
wie du weißt bin ich ein Fan von massiv und wollte mir eine 10 € kette besorgen.
http//www.releasehiphop.de/907—098/Al-massiva-Kette
sieht voll geil aus und unterstützt massiv auch finanziell ☺
bitte bestellen
Grüße Maxi
P.S. konnte die schrift nicht kontrolliern lassen und hoffe das ich alles richtig geschrieben habe.
Salve

Nach dem Abendessen

Ich spüle ab, mein Mann trocknet ab, wie immer. Die Kinder verziehen sich – auch wie immer.

«Schatz, können wir reden?»

Mein Mann kommt gleich zur Sache.

«Ja, klar. Was gibt's?»

«Ich hab heute mal die Kontoauszüge angeschaut. Sag mal: Was kostet die Nachhilfe von Hannah im Lernzentrum? 270 Euro? In was bekommt die denn alles Nachhilfe?»

«Nur in Mathe.»

Stirnrunzelnd schaut mich mein Mann an.

«Ein Kind – ein Fach – kostet 270 Euro?!»

«Ja, ich weiß, dass das arschteuer ist. Ich hab versucht, irgendwo private Nachhilfe aufzutreiben. Aber bei Mathe in der 10. Klasse gibt's keinen, der das anbietet. Ich hab überall geschaut und sogar Zettel in der Schule und im Supermarkt aufgehängt, aber da hat sich wirklich niemand gemeldet.»

«Ja, aber Schatzi, 270 Euro!»

«Ich weiß, aber was soll ich machen? Die braucht die Nachhilfe. Die anderen Kinder bekommen teilweise in zwei bis drei Fächern Nachhilfe.»

«Und was kostet die Nachhilfe von Maxi?»

«Das weiß ich jetzt gar nicht so genau ...»

«Los, komm. Sag schon!»

Langsam wird er ein bisschen sauer.

«240 Euro, ist aber Englisch und Französisch!», verteidige ich mich.

«Von der Tussi, die hier immer herkommt, oder? Was verlangt die denn?»

«20 Euro! Aber das ist ein normaler Preis. Günstiger bekommt man das nicht!»

«20 Euro für eine Stunde?»

«Nee, eigentlich für 45 Minuten ...»

«Ach, komm! Schatzi, das ist ja auch noch schwarz! Die versteuert das nicht! Aber wir haben das versteuert! Und weil die keine Rechnung schreibt, können wir das nicht bei der Einkommensteuererklärung geltend machen. Und deswegen kostet uns das praktisch eher 30 Euro in der Stunde! Was ist denn das für ein Stundelohn für Nachhilfe?! Wie alt ist die? 16 Jahre? Wir zahlen jetzt also jeden Monat 510 Euro für Nachhilfe?»

Jetzt ist er wirklich sauer.

«Joaaahhhhh ...»

«Das sind TAUSEND MARK!»

Er schaut mich mit weit aufgerissenen Augen an.

«Jetzt rechne nicht immer in Mark. Das ist ja furchtbar!»

«Aber das SIND TAUSEND MARK! Meine erste Wohnung hat die Hälfte an Miete gekostet, und das waren zweieinhalb Zimmer! Mein erstes Motorrad hat 1000 Mark gekostet, und das war ein gutes Motorrad! Und wir zahlen das jetzt JEDEN Monat! Nicht nur EINMAL wie bei meinem Motorrad!» Er hat sich richtig in Rage geredet. Er schnauft, und an der Ader seiner Stirn wird der Puls sichtbar. Zum Glück hat er den letzten Teller gerade weggeräumt.

«Wie sind denn jetzt seine Noten? Bringt das wenigstens was?»

«Jaahhhh, ich glaub, wird langsam besser», sag ich vorsichtig und lege ihm beschwichtigend die Hand in den Nacken und massiere ihn ein bisschen.

Hoffe ich doch mal.

Im Büro

Von: Mama
Betreff: Satin A-Linie Brautjungfernkleid mit Rundkragen und Gürtel in Dunkelblau

Hallo du wurmiges Würmchen! ☺
Die Mama würde dir gerne dieses Kleid bestellen ☺
Aber in Schokobraun – damit du zur Herde passt!
Und ich nehm das echt ernst und ich hab TAUSENDE Kleider, ach was, ZEHNTAUSENDE Kleider im Internet angeschaut und (glaub mir!) DAS ist das BESTE!!!!!!!!!!!!
DAS BESTE VOM GANZEN INTERNET!
Und wenn dir das jetzt wieder nicht gefällt, dann muss ich mir weitere ZEHN bis ZWANZIGTAUSEND Kleider anschauen, bis ich eines finde, das auch nur annähernd so gut ist. Und dann hab ich auch gaaaaar keine Freizeit mehr oder mein Chef bekommt das mit und mir wird gekündigt und ich kann das Kleid auch gar nicht mehr zahlen!
Deswegen wäre es gut, wenn es dir auch gefällt!
Vertrau mir! The Mothership weiß, was gut ausschaut.
Und bitte denk dran:
ICH WAR DIESES JAHR ECHT GROSSZÜGIG MIT CDS UND BAND-SHIRTS UND KONZERTEN USW!!!
und ICH WAR TOTAL UNKOMPLIZIERT BEI DIESER KONZERTSACHE, OBWOHL'S MICH ECHT TOOOTAL ÜBERWINDUNG GEKOSTET HAT!!!!!!
Also: Kann ich das Kleid bestellen???
Bussi

Von: Hannah
Betreff: Re: Satin A-Linie Brautjungfernkleid mit Rundkragen und Gürtel in Dunkelblau

Auf gar keinen Fall

Abends

Nachdem die Möglichkeiten, die Kinder zu ernähren, jetzt ziemlich eingeschränkt sind, bin ich immer schwer am Überlegen, was ich zur Abwechslung auf den Tisch bringen könnte. Heute ist mir irgendwie amerikanisch, also bekommt Hannah Pancakes (das Gleiche wie Pfannkuchen, nur in kleiner – verkauf ich ihr aber als Pancake). Und Maximilian bekommt ein T-Bone-Steak (eigentlich nur eine relativ günstige Beinscheibe vom Rind – verkauf ich ihm aber als T-Bone-Steak).

Während ich das Steak bruzzle und mich mit Hannah über den heutigen Tag unterhalte, kommt Maxi nach Hause, wirft einen Blick in die Pfanne und freut sich.

«Geil! Fleisch! Ich hab total Hunger! Und da ist ja sogar ein Stück Knochen drin! Wie geil ist das denn? Ein T-Bone-Steak!»

Er strahlt über das ganze Gesicht. Hannah sieht ihn völlig angeekelt an, macht mit der Hand eine Geste, als wollte sie sich erschießen, und verlässt die Küche mit den Worten: «Oh Gott, was hab ich für eine Familie? Mein Bruder freut sich über ein Stück Knochen...»

SEHR GEEHRTES HOMIE

Im Büro

Von: Maximilian
Betreff: Kühlschrank

Sehr geehrtes Homie,
ich benötige einen Kühlschrank für mein Zimmer.
Auch nur einen ganz kleinen in den Dosen reinpassen.
Dann kann ich Abends wenn ich mir etwas im Fernseher anschau immer etwas kühles trinken und das fände ich sehr schön. Ich hab auch einen sehr günstigen gefunden. Hier der Link:
www.//http: Kühldiscounter//Kühlschrank/90779/Klein/djkdji/Kühl/??7686Effizienz//a/68/9
Ich hab ja bald Geburtstag. Du kannst ihn ja schon mal kaufen und ich probier ihn dann derweil schon mal aus und an meinem Geburtstag gehört er mir dann richtig!
Grüße das Mäxchen

Von: Mama
Betreff: Re: Kühlschrank

1. Geh an den Kühlschrank unten – der macht nämlich auch kalt!
2. Ich weiß nicht, was Homie heißt, aber nenn mich nicht so!

Von: Maximilian
Betreff: Re: Re Kühlschrank

Zu 1: Bitte, ich brauch den das is ganz wichtig für mich. Das ist dann voll gechilled wenn ich da meine eigene Dose holen kann und wenn ich erst runter gehen muss ist das gar nicht mehr gechilled. Ich wünsche mir das sehr!
Zu 2: Homie heißt Kumpel! ☺

Von: Mama
Betreff: Re: Re: Re: Kühlschrank

Zu 1: NEIN
Zu 2: Ich bin NICHT dein Kumpel!

Frühstück

Faszinierend beobachten mein Mann und ich, wie sich die Kinder mit einer Genauigkeit ihre Erdnussbutter-Toasts schmieren, als würden sie eine Operation am offenen Herzen durchführen. Die Erdnussbutter-Schicht muss an allen Stellen genau gleich dick sein und exakt bis zum Rand reichen, aber keinen Millimeter drüber. Wenn die zwei irgendwas anderes in ihrem Leben mal mit einer derartigen Genauigkeit machen würden! Aber sonst sind ja fünf immer so was von grade!

Hannah räuspert sich ein bisschen und sagt schließlich: «Ich hätte gern ein Lippenpiercing!»

Wir sehen sie beide mit hochgezogenen Augenbrauen an.

«Ihr braucht gar nicht so zu schauen, so schlimm ist das nicht!»

Mein Mann schüttelt hektisch den Kopf.

«Nein! Auf gar keinen Fall!»

«Das is gar nicht schlimm. Ich hab das schon gegoogelt, das ist total easy und auch gar nicht gefährlich, und die Kathi darf vielleicht auch. Und wenn es mir nicht mehr gefällt, kann ich's einfach raustun!»

Raustun! Ich hasse es, wenn die Kinder so reden. Das ist ja wie auf RTL2! Wie ich mich darüber aufregen könnte!

«Nein!», sage ich energisch. «Dann hast du da auf ewig eine Narbe! Im GESICHT! Und wenn du 22 bist, kommst du zu uns und machst uns Vorwürfe, wie wir das zulassen konnten!»

«Mach ich nicht!»

«Nein, Hannah. *No way.*»

«Ich biete dir eine Alternative an!», sagt mein Mann.

Na, da bin ich jetzt aber mal gespannt. Hannah sieht ihn mit hoffnungsvollem Blick an.

Er guckt ganz ernst zurück und sagt: «Ein Nippelpiercing!»

Wir brechen beide in schallendes Gelächter aus, und sogar Maxi muss lachen.

«Boah! Ich ess unterwegs!», sagt unser Jungtier und verlässt den Bau.

Na ja, zumindest isst sie was.

Im Büro

Von: Hannah
Betreff: Pleeeeeeeeeeeeeeeeeeeeeeeeeeeeeeeeeeeeeeeeease

Hier ist der Link zu dem Dark-House-Club von dem ich dir erzählt hab!
www.http//:dark-house-club//Membership/987-jk/Gold/Member/Club-Card/23866633/GH
Da hab ich dann voll viele Vorteile wenn ich da drin bin und bekomme immer die Konzertdaten voll früh zugeschickt und kann mich mit anderen austauschen. Außerdem bekomme ich auf EMC bei bestimmten Sachen Rabatt und ich werde bei Konzert-Tickets bevorzugt behandelt.
Danke! ;-)

Von: Mama
Betreff: Re: Pleeeeeeeeeeeeeeeeeeeeeeeeeeeeeeeeeeeease

Sorry Häschen!
Das wird nix. 36 Euro insgesamt, nur um diesen Club finanziell zu unterstützen, ist nicht drin. Ob du irgendwelche News zwei Tage früher oder später bekommst, ist doch eigentlich egal.
Abos sind immer scheiße.
Sei nicht traurig
Bussi

Von: Hannah
Betreff: Re: Re: Pleeeeeeeeeeeeeeeeeeeeeeeeeeeeeeeeeeeease

Übrigens! Ich zahl auch selber!!! Bitte!!! Sei cool!! Please!!

Von: Mama
Betreff: Re: Re: Re Pleeeeeeeeeeeeeeeeeeeeeeeeeeeeeeeee
eeeeeeeeese

Mmmhmmm... Ich schlaf drüber ...

Von: Hannah
Betreff: Re: Re: Re: Re: Pleeeeeeeeeeeeeeeeeeeeeeeeeeeeeee
eeeeeeeeeeeeease

DU BIST EIN VOLL COOLES HAMMER MUHZ!!!
DANKEÖÖÖÖÖÖÖÖÖÖÖÖ!!

Von: Maximilian
Betreff: Kühlschrank

Mothership!!!!!! Bitte ich hätte echt gern den Kühlschrank! Ich stell mir das so schön vor wenn ich dann vom Bett aus etwas kühles zu trinken erreiche! Bitte, bitte, bitte.
Du würdest das Mäxchen sehr sehr glücklich machen!

Abendessen

Hannah stochert eine Weile in ihrem Essen rum und gibt in unregelmäßigen Abständen Seufzlaute von sich. Keiner sagt etwas, wir alle warten gespannt darauf, wann sie endlich mit der Sprache rausrückt. Da fällt Maximilian das Handy aus der Hosentasche und landet auf dem Teppich. Er sieht kurz nach unten auf das Handy und sagt ganz ernst: «Lauf ... Du bist frei!»

Maxi, mein Mann und ich schauen uns an und lachen leise los. Hannah lacht nicht. Irgendwann halt ich's nicht mehr aus.

«Hannah. Wie war's denn in der Schule?»

«Ja, schön. Wegen dem Nasenring: Ich hab mir das überlegt, und euer Hauptargument ist ja, dass ich dann eine Narbe im Gesicht hätte, oder?»

«Ja.»

«Okay. Deswegen hab ich mir jetzt überlegt, dass ich den Ring durch die Nasenscheidewand machen lasse. Also hier ...»

Sie fasst sich mit Daumen und Zeigefinger zwischen die Nasenflügel.

«Dann hab ich keine Narbe und kann euch auch mit 22 keine Vorwürfe machen! Ich kauf auch ein Titan-Piercing – das ist sehr verträglich.»

Einen Moment herrscht Schweigen. Dann lacht mein Mann los.

«HA! Wie bei einer Kuh! Hihihihihi, das is ja geil! Dann können wir dich an einen Strick binden und immer rumführen! Hihihi, hahaha.»

Er lacht so sehr, dass ihm die Tränen kommen. Hannah sitzt am Tisch und zieht die Augenbrauen runter. Grrrrrrrr.

«Und dann binden wir dir eine Glocke um den Hals! Hihihi! Und immer wenn du runterkommst, hören wir dich schon! Hahaha!»

Meinen Mann haut's schier vom Stuhl vor lauter Lachen.

«Bim, bim, bim, bam, bim, bim, bim ... Aaaaaaaahh! Hannah kommt! Hahaha, hihihi.»

Hannah presst die Lippen aufeinander, verdreht die Augen und geht. Mein Mann versucht, sich zu beherrschen, aber er lacht immer noch. Na ja, seine Reaktion war vielleicht nicht sehr einfühlsam, aber effektiv! So muss ich heute auf jeden Fall nicht ewig diskutieren und erfolglos begründen.

Frühstück

Die Erdnussbutter ist alle... Mist! Was mach ich denen denn jetzt? Soll ich noch schnell zu Penny fahren? Der macht um sieben auf! Nein, das schaff ich nicht mehr. Mist!

«Morgen!»

«Morgen, Maximilian! Erdnussbutter ist alle. Was magst du dann? Marmeladen-Toast oder Nutella- oder Honig-Toast?»

«Nö, nix.»

«Oder Kellogg's? Oder Smacks? Oder eine Waffel aus dem Toaster?»

«Nö, nix.»

Oh Mann! Jetzt isst der nix und geht hungrig in die Schule!

«Morgen.»

«Morgen, Hannah! Was magst du frühstücken? Toast mit Nutella, Marmelade oder Honig?»

«Erdnussbutter-Toast!»

«Erdnussbutter ist alle!»

«Dann nix.»

Scheiße. Wie mich das jetzt ärgert! Warum hab ich die gestern vergessen? Ist doch nicht so schwer. Ich muss nachher unbedingt dran denken, dass ich ein neues Glas kaufe.

Wir sitzen also beim Frühstück, und mein Mann und ich

sind die Einzigen, die etwas essen, während unsere Kinder vor einem Glas Milch sitzen, das ich ihnen ungefragt eingeschenkt habe.

«Mama, ich hätte wirklich gern den Kühlschrank. Bitte, ich fänd das echt super!»

Mein Mann schaut mich fragend an: «Was fürn Kühlschrank?»

«Ich hätte gerne einen Kühlschrank, und wenn ich fernsehe, dann kann ich nur rüberlangen und hab etwas Kühles zu trinken!» Grins. «Und da passen sechs Dosen rein!»

Mein Mann schaut mich kopfschüttelnd an.

«Maximilian, jetzt gehst du mal in die Schule, und dann schauen wir weiter.»

Die Kinder ziehen sich an und gehen schlurfend aus dem Haus.

«SCHATZI! Der will einen Kühlschrank im Zimmer!»

«Ja, ich weiß.»

«Weißt du, wo das hinführt?» Mein Mann schaut mich panisch an.

«Nein...»

«DER NISTET SICH HIER EIN! DER ZIEHT HIER NICHT MEHR AUS!!! DER WOHNT HIER, BIS ER 30 IST!»

Er ist kurz davor, panisch quiekend im Kreis zu rennen...

«Okay! Okay! Okay! Er bekommt keinen Kühlschrank.»

Im Büro

Von: Maxi
Betreff: PS3

Sehr geehrtes Muttermuhz!
Dies ist ein Spiel welches für jeden PS3 Besitzer und Liebhaber ein absolutes Muss ist.
Es ist nicht nur das beste sondern auch das neueste Spiel der call of Duty Reihe welche Weltweit sehr großen Erfolg hatte.
http://www.play.com/call_of:duty_black_opsII/paOS1-122-123-dw-123-34-de.html
das head set und die ps3 gold life membership card gleich mitbestellen + das Spiel = 81 Euro
Ich hab mir überlegt das ich das evtl auch selber zahle und wenn alles korrekt geliefert wurde bekommst du dein Geld.
Ich wäre dir sehr verbunden wenn du das bestellen würdest
Mit muhzigen Grüßen verbleibe ich mit großem Dank
Dein Maxi-Muhz

Da hat der doch einen Duden neben sich liegen gehabt, als er das geschrieben hat. Wenn der mal in der Schule einen Aufsatz so formulieren würde, wären die Noten auch gleich viel besser. «Wenn alles korrekt geliefert wurde, bekommst du dein Geld...» Der kleine Zwerg meint wohl, er ist besonders schlau, oder was? Hat er sich gedacht, das soll mal schön die Mama bestellen – dann ist die auch haftbar, wenn was nicht in Ordnung ist. In dem Alter schon so ausgefuchst! Das hat er vom Opa. Der war mal Bankdirektor und gibt mir heute noch 20,88 Euro zurück, wenn ich für ihn einkaufen war, obwohl ich sage: «Gib mir einen Zwanziger – passt schon!»

Nein. Der zählt eine Viertelstunde das Kleingeld ab, zählt zur Kontrolle ein zweites Mal und sagt dann: «Strenge Rechnung – gute Freundschaft!»

Das bringt der wirklich! Ganz ernst, ohne zu lachen, sagt der das.

«Wir sind aber verwaaaaaaaaandt!», antworte ich immer leicht genervt.

Gott echt! So ein Korinthenkacker!

Mein Bruder wohnt im Haus meiner Eltern im ersten Stock. Zu dem Zeitpunkt, als der Mietvertrag ausgehandelt wurde, hatte mein Bruder ein Meerschweinchen. Also gab es im Mietvertrag die Klausel 113.2a:

«Der Mieter verpflichtet sich dazu, keine Haustiere zu halten. Diese Regelung beinhaltet auch Kleintiere wie Hasen, Hamster, Meerschweinchen, Mäuse und Fische. Wenn der Mieter der Vereinbarung nicht nachkommt, ist einer fristgerechten Kündigung durch den Vermieter nichts entgegenzusetzen. Einzige Ausnahme dieser Regelung ist das Meerschweinchen Schnuppi, ca. 15 cm lang und schwarzbraun gefärbt, mit einem hellen Fleck hinter dem linken Ohr. Der Mieter ist haftbar für alle etwaigen Schäden, die durch das oben genannte Meerschweinchen entstehen.»

Nach fünf Jahren hat mein Bruder ein zweites Meerschweinchen gekauft. Mein Vater hat eine Augenbraue nach oben gezogen und ist in sein Büro im ersten Stock gegangen. Eine Stunde später stand er mit einem neuen Mietvertrag vor der Tür meines Bruders. Der Vertrag war identisch mit dem ersten Vertrag. Der einzige Unterschied:

«Die Klausel 113.2a wird erweitert durch das Meerschweinchen Bolle, ca. 12 cm lang und weiß-hellbraun gescheckt mit langen glatten Haaren.»

Mein Bruder hat meinen Vater nur entgeistert angesehen, aber der meinte wohlwollend:

«Da wollen wir mal nicht so streng sein.»

Deswegen wohne ich 50 Kilometer von meinen Eltern entfernt.

ZUM GEBURTSTAG EIN KÜHLSCHRANK

Abendessen

«Mom! Was ist jetzt mit dem Kühlschrank? Bitte, ich brauch den!»

Ich glaub, ich kann den Scheiß heute nicht mehr hören. Ich hatte einen echt miesen Arbeitstag, und ich weiß, dass mein Mann auch furchtbar Ärger hatte. Wir haben heute beide echt keine Energie mehr für so was.

«Wir denken drüber nach, okay?»

Max zieht die Augenbrauen hoch, gibt sich aber mit der Antwort zufrieden. Mein Mann zieht ebenfalls eine Augenbraue hoch, äußert sich aber auch nicht weiter dazu.

«Kann ich mir alle Haare blau färben?», fragt Hannah.

«Hannah...»

«Wieso nicht? Was ist denn da schlimm dran? Die Kathi darf auch! Und überhaupt! Deren Mutter ist auch nicht so streng wie du! Ich versteh euer Problem gar nicht! Euer Argument ist ja immer, dass ich nichts machen darf, was bleibt, wie eine Narbe! Aber die Haare kann ich sofort anders färben! Ich will das wirklich! Ich kann mich damit voll identifizieren. Das ist total wichtig für die Entwicklung, dass man auch eigene Ideen verwirklichen kann. Das kannst du in jeder Eltern-Zeitschrift nachlesen, und außerdem ist das auch eine verträgliche Farbe, die hat ein Bio-Siegel. Hab ich alles schon gegoogelt. Das ist dann auch viel einfacher zu färben als jetzt, weil ich dann nicht mehr den Pony abtrennen muss. Die Kathi hat auch...»

«OKAY!!! Okay, okay, okay. Aber nur, wenn du jetzt AUF-HÖRST!»

«Schön!», sagt Hannah

Mir doch mittlerweile wurst, wie die aussieht. Sie muss ja so rumlaufen.

Ich weiß noch, wie Hannah vor ungefähr zwei Jahren unbedingt ein Poster in ihrem Zimmer aufhängen wollte. Es war ein Poster von irgendeiner Band, Linkin Park oder so. Etwas, was heute von ihr mit rollenden Augen als «Maaaaaainstreaaaam» beschrieben wird. Wir wohnen erst seit drei Jahren in unserem Haus, und damals dachten wir noch, wir könnten tatsächlich mitbestimmen, wie die Kinderzimmer auf lange Sicht aussehen. Wir haben also diskutiert: Mit Reißzwecken in der Holzdecke ist undenkbar – weil dann ja kleine Löcher in der Holzdecke bleiben. Mit Tesafilm auf der Holzdecke – hält nicht. Mit doppelseitigem Klebeband – beschädigt das Holz. Auf der weißen Wand: Mit Reißzwecken – macht Löcher. Mit Tesafilm – hält nicht. Mit doppelseitigem Klebeband – macht Schäden.

Nachdem mein Mann und ich eine halbe Stunde lang diskutiert und keine Lösung für das EINE Poster gefunden hatten, kam Hannah runter, und die Diskussion ging weiter. Wir wollten damals halt, dass Hannah ein ansehnliches und wohnliches Zimmer hat, in dem sie sich wohl fühlt (und alle anderen erwachsenen Menschen auch). Nach zähen Verhandlungen – und ich glaube beim Freihandelsabkommen zwischen Europa und Amerika wurde weniger diskutiert – haben wir uns auf EIN Poster, aufzuhängen mit Reißzwecken an der Holzdecke, geeinigt. Nach dem Gespräch ging Hannah rauf, und mein Mann und ich haben *High Five* gemacht, weil wir dachten, wir hätten das soooo klug gelöst...

Dann kam das zweite Poster (da gab's schon etwas weniger Diskussion), dann das dritte Poster (kurze Diskussion), das vierte Poster («Darf ich das aufhängen?»), das fünfte Poster («Hab 'n Poster bestellt.») und das sechste bis neunzehnte Poster (ohne Kommentar aufgehängt).

Im Nachhinein ist's echt lustig, mit welchem Enthusiasmus wir an die Sache rangegangen sind. Mit welchen heroischen Absichten wir diskutiert und immer wieder neu argumentiert haben und mit welcher Inbrunst wir uns mit dem Thema beschäftigt haben, um dann festzustellen: Irgendwann ist es eh egal. Das hältst du nicht durch. *Impossible.*

Meine kleine Hannah hat früher ausgesehen wie eine Porzellanpuppe. Mit zwei Jahren hatte sie ganz dicke lange Haare bis zu den Schultern und dazu ein Gesicht wie gemalt. Und wenn ein kleines Kind so lange und dicke Haare hat und dann auch noch so hübsch und süß und zierlich ist ... Die war sooooooo süß! Und ich konnte ihr immer ganz nette Kleider anziehen, und wenn ich mit ihr einkaufen gefahren bin, haben die Leute an der Kasse IMMER über sie geredet: «Ach, ist die süß! Und so hübsch! Das wird später mal eine Schönheit!»

Jetzt hat Hannah komplett blaue Haare – und trägt nur schwarze Klamotten. Also eigentlich nur Hose, T-Shirt und Pulli. Kleider, Röcke, Pumps sind alles No-Gos.

Wenn Hannah zusammen mit uns und Opa und Oma demnächst zum Essen in den Golfclub geht, das wird grenzwertig. Wahrscheinlich sagen die zu uns: «Nö, also ihr schon, aber der Schlumpf kommt hier nicht rein.»

Auch gute Freunde reagieren oft befremdet, wenn sie unser weibliches Jungtier sehen: «Die Hannah ist aber schon normal, oder? Die ist ja so komisch angezogen ... Ist die depressiv?»

Und die Lehrer sagen mir auch schon mal: «Hannah ist ja rein optisch gesehen speziell...»

Und selbst wirklich guten Freunden merkt man an, dass sie leicht irritiert sind, auch wenn sie sich zurückhalten.

Dabei möchte sich Hannah lediglich von mir, ihrer Mutter, abgrenzen. Das ist doch nicht so schwer zu erkennen! Um das zu verstehen, muss man wirklich kein Freud sein oder Psychologie studiert haben. Ich habe lange blonde Haare und mache viel Sport. Ich schminke mich jeden Tag, bevor ich das Haus verlasse. Mein bevorzugtes Schuhwerk sind Pumps, und ich habe mindestens zwanzig Kleider im Schrank. Meine Tochter ist das genaue Gegenteil. Sie schminkt sich nicht, würde nie Pumps anziehen, und Kleider besitzt sie nicht. Aber das ist ja auch gesund in diesem Alter. Sie möchte sich abgrenzen von mir! Sie möchte keine kleine Mama sein, sondern eine eigene Hannah. Und dafür benötigt sie eine gewisse Selbstfindungsphase, in der sie bestimmte Sachen ausprobieren muss. Sie muss sich distanzieren von mir. Da hat sie schon irgendwie recht. Eigentlich finde ich das entwicklungstechnisch gesund. Ich will keine kleinere Version von mir selbst, die alles so macht, wie ich es will. Ich will eine Tochter, die selbst rausfindet, wo ihr Platz im Leben ist. Die selbst herausfindet, was sie glücklich macht und wie sie glücklich sein kann. Die nicht ein Leben lebt, das ihre Mutter oder ihre Eltern gut finden.

Ich habe eine Freundin, die eine Tochter im selben Alter hat. Die Tochter läuft rum wie das Abziehbild ihrer Mutter. Die sammelt mit 16 schon teure Handtaschen und hat mehr

Pumps und Kleider als ich. Sie macht alles so, dass es ihrer Mutter, die sehr, sehr dominant ist, auch ja recht ist. Die beiden lesen regelmäßig zusammen die *Elle* und lächeln beide, weise, aber dezent, über die modischen Eigenheiten von Hannah. Die blauen Haare finden sie lustig, und im Gespräch mit mir bedauert mich meine Freundin zwischen den Zeilen.

Was soll das? In dem Alter soll man nicht angepasst sein! Das möchte ich doch mal in zehn Jahren sehen, wer dann die gesündere erwachsene Frau ist. Die, die sich ausleben und selber finden durfte, oder die, die immer angepasst war und so wurde wie ihre Mutter? Oder so, wie die Gesellschaft es wollte.

Manchmal verstehe ich, warum sie rebellieren. Geht ja auch nicht anders.

Frühstück

Wir sitzen zu dritt beim Frühstück (Fertigpancakes-MIT-Ahornsirup-Phase, OHNE Ahornsirup werden die Pancakes nicht akzeptiert), und Hannah verbreitet mal wieder miese Laune (Ursache unklar), dementsprechend wenig wird gesprochen. Maximilian läuft an uns vorbei in den Keller, um sein Lieblings-T-Shirt aus dem Trockner zu holen.

«Maxi, magst du auch Pancakes mit Ahornsirup?»

«Nee, hab ein Problem mit meinen Haaren.»

????

Als er aus dem Keller wieder raufkommt, frage ich ihn: «Was fürn Problem?»

«Ich weiß auch nicht. Ich hab heute Nacht irgendwie blöd

gelegen, und jetzt stehen die in alle Richtungen ab! Und ich krieg das irgendwie nicht hin!»

Er verschwindet im Gäste-WC.

«Hat der jetzt Bad-Hair-Day, oder was?», fragt mein Mann recht ironisch.

«Jetzt lass ihn halt...»

Nach 15 Minuten kommt Maxi mehr oder weniger verzweifelt aus dem Gäste-WC.

«Mama, ich kann so echt nicht in die Schule. Kannst du mir helfen?»

Hahaaa! Ja, klar kann ich das! Sehr schön! Das wollte ich immer schon mal machen. Ich nicke und grinse also, renne rauf in unser Badezimmer und hole Schaumfestiger und Haargel sowie meinen Profi-Friseur-Kamm! Eigentlich hab ich mir immer vorgestellt, meiner Tochter einmal aus einer Haar-Krise zu helfen, aber egal.

Ich gebe mir also alle Mühe und schaffe es tatsächlich, dass alle abstehenden Strähnen schließlich geglättet sind und mein Sohn eine gut sitzende, coole Frisur hat. Maximilian steht auf und schaut sich im Spiegel an.

«NEIIIIN!! Mama, spinnst du?! Das geht gar nicht! Mach das wieder runter! Das sieht ja voll schwul aus! Oh Gott, ich muss irgendwie noch schnell Haare waschen!»

Er rennt panisch nach oben und wäscht sich im Waschbecken die Haare.

«Ich weiß gar nicht, was der hat. Das sah doch super aus!», wende ich mich verständnislos an meinen Mann.

Maxi kommt wieder runter. Er hat die Haare in einem strengen Links-Scheitel zur Seite gekämmt und kann mit dieser Lösung offensichtlich leben, denn er verlässt in letzter Minute das Haus in Richtung Schule. Beim Rausgehen wirft er mir noch kopfschüttelnd einen äußerst vorwurfsvollen Blick zu. Mein Mann ist derweil sehr nachdenklich geworden.

«Was ist denn?»

«Schatzi, meinst du, der wird schwul?»

«Jetzt mach dich nicht lächerlich ... In dem Alter sind die alle so! Und wenn? Wär auch nicht schlimm!»

«Nein, nein. Natürlich nicht! Wäre nicht schlimm. Muss aber ja auch nicht sein, oder? Aber es wäre natürlich nicht schlimm. Wieso auch? Kein Problem.»

«Schatzi! Der is nicht schwul.»

Er scheint trotzdem beunruhigt.

Hannah ist abmarschbereit für die Schule: «Mom, ich brauch Geld für die Drogerie, da geh ich auf dem Heimweg vorbei.»

«Okay, wie viel?»

«So 50 Euro.»

«Was? 50 Euro? Für was denn?»

«Oah ...»

Entnervtes Verdrehen der Augen. Ist auch eine Unverschämtheit von mir nachzufragen, WOFÜR unsere Kohle ausgegeben wird.

«Ich brauch Haarspray, Shampoo, Duschgel, Clearasil, Entfärber, Deo und Rasierklingen – aber nicht wieder den billigen Schrott, sondern die guten!»

«Aha, und das brauchst du alles?»

«Jahaaaaa!»

Ich gebe ihr also das Geld und sage noch: «Geh dann bitte auch schnell zu Tengelmann nebenan und bring Backpulver und Butter mit!»

«Okay!»

Abends

«Hi Hannah! Und? Alles klar?»

«Jo!»

«Wie war's in der Schule?»

«Ja, passt schon.»

«Hast du das Zeug eingekauft, um das ich dich gebeten habe?»

«Ja. Backpulver gab's nicht, und die Butter liegt da drüben.»

Ich schaue das Päckchen genauer an.

«Das ist keine Butter, das ist Palmfett!»

«Ach so! Sieht aber genauso aus.»

«Und das Backpulver?»

«War aus.»

«Hannah, Backpulver ist nie aus!»

«Doch, war aus.»

«Hannah. Ich hab in dreißig Jahren noch nicht erlebt, dass Backpulver bei Tengelmann aus war!»

«Ich hab's nicht gefunden!»

«Hast du eine Verkäuferin gefragt?»

«Die waren alle so beschäftigt!»

Hannah kann einem aus dem Stegreif die Vor- und Nachteile der Weimarer Republik erklären und eine Seite Vokabeln in zehn Minuten lernen, ein Tausend-Seiten-Buch liest sie in zwei Wochen, aber meine Tochter ist zu blöd, um Butter und Backpulver einzukaufen!

Maximilians Geburtstag

Ich hab mir gestern den Wecker eine halbe Stunde früher gestellt. Jetzt klingelt er und zeigt 6 Uhr 30. Mein Mann reagiert kurz mit «Was'n los?».

«Maxi hat doch heute Geburtstag!»

«Ach so, ja, ja, klar ... mmmhrhm ...»

Also ab ins Bad und zurechtmachen, dann runter und vorbereiten.

Früher wenn ich Maxi gefragt habe, was er denn zum Geburtstag möchte, kamen an die dreißig Wünsche: Videospiel, Angel, Skateboard, Basketball-Korb, Videospiel 2, Ameisenfarm, Poster, Tote-Hosen-Album, Videospiel 3, Lava-Lampe, Mountainbike, Videospiel 4 ... Heute höre ich auf die Frage: «Kühlschrank fürs Zimmer!»

«Maximilian, das findet Papa doch nicht gut! Was magst du denn noch?»

«Nix.»

«Du musst doch einen anderen Wunsch haben.»

«Nö! Nur Kühlschrank.»

Da soll einem mal was einfallen! Und man möchte ja auch, dass der Junge mehr als nur ein Geschenk an seinem Geburtstag auspacken kann. Also hab ich mir das Gehirn zermartert (eigentlich habe ich gegoogelt, was das Zeug hält) und habe jetzt folgende Geschenke parat:

1. Mini-Aquarium für Urzeitkrebse
2. pupsender Wecker
3. Buch übers Angeln
4. Videospiel
5. Album einer Band, die ich nicht kenne (glaub, ein Rapper)

6. Videospiel
7. Kühlschrank...

Dazu habe ich einen riesigen Käsekuchen gebacken (weil er den mag).

Um 6 Uhr 50 wecke ich alle anderen Herden-Mitglieder. Mein Mann kommt um 7 Uhr 05 runter.

«Schau mal nach der Hannah!»

Um 7 Uhr 15 ist alles bereit, Hannah ist da, die Geburtstagskerzen auf dem Kuchen brennen, das Schwesterlein hat ihr Geschenk auch hingestellt, und im Hintergrund läuft «Happy Birthday!».

Wenn man mit Maxi im Vorfeld über seinen Geburtstag redet, erklärt er einem ganz klar und strukturiert, dass es ihm ganz egal ist, was an dem Tag passiert oder wie man den Geburtstag feiert. Und man denkt sich: «Alter! Der is ja cool!» Aber wenn man es dann doch nett und auch ein wenig fürsorglich gestaltet, freut er sich schon.

Maxi kommt die Treppe runter und muss breit grinsen. Er bläst die Geburtstagskerzen aus, herzt Papa und Mama kurz, bevor er jedes Geschenk bewusst auspackt und es genau anschaut, um sich anschließend herzlich zu bedanken. Und man sieht ihn an und denkt sich: «Mein Gott, ist das ein nettes Kind!» Und man muss lächeln bis zu den Ohren, es geht nicht anders. Irgendwas haben wir anscheinend doch richtig gemacht. Der versteckt das sonst bloß immer. Aber eigentlich ist er doch ein anständiger, lieber Junge.

Das letzte und größte Geschenk.

«EIN KÜHLSCHRANK!!! Danke, Papa, danke, Mama! Das ist ja hamma! Den hab ich mir echt gewünscht! Vielen Dank! Oh, wie geil ist das denn! Den muss ich jetzt gleich einschalten, damit der heute Abend kalt ist. Geil, geil, geil. Danke!!!»

Nachdem mir mein Mann einen äußerst finsteren Blick zugeworfen hat, reagiert er doch ziemlich cool.

«Ja, ne, gerne. Wenn's dich freut, dann is ja gut...»

Dabei nickt er wohlwollend. Als Maxi selig nach oben geht, nimmt er mich am Arm und schüttelt den kurz:

«Schatzi!!! Ein Kühlschrank!!! Spinnst du?!!»

«Der zieht spätestens mit zwanzig aus. Ich schwör!»

WIR WOLLEN WLAN!

Im Büro

Von: Maxi
Betreff: Haarspray

Hi Mama! Kannst du bitte Haarspray mitbringen.
Von: drei Wetter Taft (grüne Dose) einmal medium (Rote Schrift) und einmal Ultra Stark (Rosa Schrift).
Bitte genau die zwei und kein anderes.
Wäre wichtig. Bitte nicht vergessen
Merci
Das UmpaLumpa Maxilein aus der Schokoladenfabrik ☺

Mittlerweile nimmt der Haarkult, den Maximilian betreibt, schon erschreckende Ausmaße an. Mindestens alle zwei Wochen muss Maximilian zum Friseur. Es gibt eine einzige Friseurin, der er vertraut, und wenn die krank ist, geht er wieder heim und kommt erst wieder, wenn seine Stammfriseurin wieder da ist. Früher hab ich ihm die Haare geschnitten. Das hat immer gut ausgesehen und war ein moderner Schnitt – so wie ihn die angesagten Fußballer haben (ich bin ja up to date). Dass ich Maxi die Haare schneide, wäre heute undenkbar.

Das letzte halbe Jahr trug er eine Frisur, bei der der Scheitel praktisch knapp hinter dem linken Ohrläppchen anfing und dann alle Haare – auch der Pony – nach rechts gekämmt wurden. Wenn dann also ein Wind wehte, musste er immer hektisch den Kamm rausholen und alle wieder rüberkämmen. Außerdem blieb der Pony natürlich nicht so, was zur Folge hatte, dass Maxi ständig den Kopf nach rechts kippen musste, um die Haare ganz knapp aus den Augen zu streichen. Ständig! Wie wenn er einen Tick hätte oder eine Spastik oder so was... Hat uns das genervt!

Jetzt trägt er einen «Side Cut». Dabei sind die Seiten eine Handbreit über beiden Ohren ganz kurz geschnitten, während die Haare oben länger sind. Ähnlich wie damals im Dritten Reich. Mein Schwiegervater schaut Maxi immer kopfschüttelnd an und bemerkt dann, dass sie damals 1940 zu so einer Frisur gezwungen wurden.

Jetzt ist es sehr schwierig, die langen Haare oben auch korrekt zu stylen. Die müssen nämlich in einem Winkel von 45 Grad nach links hinten mit einer Basishöhe von 4 Zentimetern im vorderen Bereich auf eine Basishöhe im hinteren Bereich von 2,5 Zentimeter abfallend gestylt werden. Keine leichte Aufgabe! Weshalb Maximilian jetzt immer 25 Minuten früher aufsteht. Damit die Frisur auch sitzt.

Abends

Jippie! Heute konnte ich mal früher aus dem Büro raus. Es ist 16 Uhr, und ich hab schon Feierabend. Ich komme also mit Einkäufen beladen (wie immer eigentlich – was ich an Lebensmitteln in das Haus trage!) nach Hause und finde Maximilian schlafend, mit Chiller-Hose (Jogginghose mit Homer-Simpson- und Duff-Bier-Aufdruck) auf der Couch vor. Der Fernseher läuft.

«Maxi! Bist du krank?»

«Waaaaas ...?» Er öffnet ein Auge. «Nö, nur müde.»
«Jetzt steh mal auf! Es ist vier Uhr am Nachmittag!»
«Ja, gleich ...»
Ich gehe in den Keller und bügle eine Runde.

Mittlerweile ist es 17 Uhr. Maximilian liegt in exakt der gleichen Position auf der Couch. Aber er hat die Augen ein bisschen geöffnet und schaut *Galileo*.
«Maxi! Jetzt steh mal auf!»
«Ich schau *Galileo*!»
Um 18 Uhr platzt mir der Kragen – er liegt immer noch unverändert auf der Couch.
«Maxi! Jetzt steh endlich auf! Sag mal, wie lang liegst du denn da jetzt schon rum? Seit du aus der Schule gekommen bist? Du kannst doch nicht den ganzen Tag nur auf der Couch liegen! Was ist denn mit deinen Hausaufgaben? STEH JETZT AUF!»
Er bequemt sich also auf, geht an mir vorbei rauf in sein Zimmer und sagt: «Chill mal, Mama.»
«NEIN! Ich chill nicht!»
Um 19 Uhr gehe ich rauf, um die Kinder zum Abendessen zu holen. Maximilian liegt jetzt in seinem Bett und skypt.
«Jetzt liegst du ja schon wieder! Du liegst den ganzen Tag irgendwo rum! Es gibt Essen. Komm runter.»
«Ja, ich komm ja gleich.»
Was ist denn mit dem los? Der hat eine Reaktion wie eine 80er Valium. Der hat ja gar keinen Kreislauf mehr. Der müsste unbedingt ein bisschen Sport machen oder so, damit er mal in Schwung kommt. Der chillt ja nur noch!
Es gibt also heute folgendes Abendessen:
Pommes für Hannah.

Schnitzel und Pommes für Maximilian.

Schnitzel und Pommes und Salat für meinen Mann.

Schnitzel und Salat für mich.

«Mama, Papa, hört mal. Das mit dem WLAN hier kann so echt nicht weitergehen!», sagt Hannah energisch.

«Das stimmt echt!», pflichtet ihr Maximilian bei.

Bei uns ist das nämlich so: Meinem Mann ist alles, was strahlt, höchst suspekt. Deswegen hat er bei seinem iPhone auch immer das Internet, Bluetooth usw. ausgeschaltet. Und er möchte daheim auf gar keinen Fall ein WLAN-Netz, das immerzu strahlt. Einbildung oder nicht, aber ich glaube, er könnte dann nicht mehr vernünftig schlafen. Also haben wir kein eigenes WLAN-Netz, sondern einen Stecker, der eingestöpselt werden muss und dann mit einem Kabel mit dem Computer verbunden wird. Eigentlich kein Problem. Für unsere Brut ist es allerdings undenkbar, nicht ständig und immerzu kabelfrei ins Internet zu kommen.

«Wir sind die Einzigen, die kein eigenes WLAN-Netz haben! Alle, die ich kenne, haben ein WLAN-Netz. ALLE! Nur wir nicht!»

«Ja, das stimmt echt! Das ist ja wie in der Steinzeit!», erregt sich Maxi.

Holla – der Bub ist mal aufgewacht!

«Ich will hier kein WLAN-Netz!»

Mein Mann ist unbeeindruckt.

«Papa! Weißt du, wie viele Netze wir hier außen rum haben?!»

Hannah holt ihr Handy raus und zeigt ihm, dass wir von unseren Nachbarn sechs verschiedene private WLAN-Netze empfangen.

«Es ist ja nicht so, dass das WLAN-Netz vom Nachbarn an

der Grundstücksgrenze aufhört! Wir haben hier sechs Netze. Das spielt doch von der Strahlung her keine Rolle, wenn wir auch noch unser eigenes haben», erklärt ihm Hannah.

«Doch, dann ist die Strahlung hier direkt. Ich glaub, die ist dann stärker!»

«Oh Mann, Papa! So ein Quatsch! Das kann man nachlesen. Komm schon, das ist echt ätzend! Das haben alle, nur wir nicht!»

«Ja, und seid ihr jetzt damit stigmatisiert, oder was? Habt ihr jetzt einen Stempel auf der Stirn mit ‹kein WLAN› und werdet deswegen von den anderen Kindern ausgegrenzt und dürft nicht mitspielen?»

«Du verstehst das nicht!»

«Jo! Kann sein. Aber trotzdem will ich hier kein WLAN.»

EIN GENERATIONENPROBLEM

Im Büro

Von: Maxi
Betreff: Handy

Sehr geehrtes Homie.
Hab mein Traum Handy gefunden http:/www.chip.de/preisvergleich/1394389/HTC-Evo-3D.html
Allerdings hab ich nix drüber gefunden ob es dafür auch den flat 4 you plus Vertrag gibt.
Gibt es da auch noch einen anderen akzeptablen Vertrag??
Selbstverständlich werden auch die Opas und Omas angehauen, falls es dann immer noch nicht reicht, bezahl ich auch selbst.
Grüße Maxi

Von: Mama
Betreff: Re: Handy

MAXIMILIAN!! Jetzt frage ich dich seit 5 Wochen, was du dir zum Geburtstag wünschst, und dir fällt nichts ein! Und jetzt ist dein Geburtstag EINEN TAG vorbei und dir fällt plötzlich etwas ein, das du dir wünschst? Willst du mich verarschen?
Und nenn mich nicht Homie!!

Von: Maximilian
Betreff: Re: Re: Handy

Dann halt Sehr geehrtes Nicht-Homie
Sorry ... Is mir halt erst jetzt eingefallen.

Ich glaube, wir haben hier echt ein Wohlstandsproblem! Den Kindern geht's einfach zu gut. Sie haben einen Wunsch, und es dauert nicht lange – Wunsch erfüllt. Kein Wunder, dass ihre Wertschätzung für die Dinge so gering ist. Sie bekommen alles viel zu leicht von uns. Auf ein neues Fahrrad, das man sich erbettelt hat und auf das man sehr lange warten musste (und für das man eventuell einen Teil sogar selbst gezahlt hat), passt man halt besser auf als auf eines, das man relativ unkompliziert geschenkt bekommen hat.

Wir haben Maximilian ein Fahrrad gekauft, weil der Sohnemann braucht ja ein Rad. Ist ja quasi ein Grundbedürfnis. Und weil uns unsere Brut am Herzen liegt, war es auch ein relativ teures Rad. Zwei Wochen später ist Maxi damit zum Bahnhof gefahren und hat das Rad nicht abgesperrt. Am Bahnhof! Da werden ja praktisch nie Räder geklaut. Tja, und seitdem hat Maximilian kein Fahrrad mehr. (Er benutzt jetzt wie selbstverständlich meins.)

Früher mussten wir unsere Eltern in mehreren Gesprächen überzeugen, dass wir eine bestimmte Sportart ausüben konnten und die Eltern den Vereinsbeitrag bezahlten. Dann hat man die Sportklamotten/Ausrüstung geliehen oder geschenkt bekommen – auf jeden Fall war es meistens die falsche Größe. Neu gab's überhaupt nix, und man musste sich gedulden, bis man sich nach und nach die passende Ausrüstung zusammengespart hatte.

Heute betteln die Eltern die Kinder an: «Du musst doch irgendeinen Sport machen! Was magst du denn gern? Magst du reiten? Oder zum Tennis? Oder Ballett? Oder Fußball? Oder Karate?» Und wenn der kleine Rotzlöffel dann ein paarmal hingegangen ist, kauft man sofort die komplette Ausrüstung. NEU! Nicht gebraucht. Weil, wenn mein Kind reitet, hat es gefälligst eine neue Reiterkappe und Gerte und Stiefel und Hose und Handschuhe und... Nur um ein halbes Jahr später zu hören: «Aber alle meine Kumpels spielen Fußball!»

«Okay. Wir verstehen das ja! Wenn alle deine Freunde Fußball spielen, dann ist das blöd für dich, wenn du reitest!» Mein Mann nickte nur verständnisvoll und war auf einmal ganz der Meinung von Maxi (weil er sich die ganze Zeit gedacht hat, dass Reiten ein Weibersport ist und Maxi endlich eine richtige Sportart machen soll).

Na gut, wir melden den kleinen Pupsi also beim Fußball an. Die Trainings laufen gut, und nach und nach (Zeitraum: zwei Wochen) kaufen wir ihm also die komplette Fußballausrüstung (Schuhe, Hose, Trikot in zweifacher Ausführung, Socken, Schienbeinschoner, Sportunterwäsche, Ball, Trainingstor für den Garten). Bis er nach fünf Wochen heimkommt und uns erklärt, er gehe da nicht mehr hin: Der Trainer sei ungerecht und bevorzuge die anderen. Der Trainer sei auch zu streng und das Training zu hart. Er hat keinen Bock mehr. Nach langen Diskussionen zwingen wir ihn dazu, noch einmal hinzugehen – aber Maxi kommt anschließend mit Tränen in den Augen heim, haut das Fußballzeug in die Ecke und verbringt den ganzen Abend allein im Zimmer.

Jetzt ist Maxi im Vergleich zu den anderen kein Weichei – das ist ein Generationenproblem! Das Problem unserer

Generation. Der Generation Unseren-Kindern-soll's-mal-besser-gehen-als-uns. Das Problem ist nur, dass es uns ja auch schon ziemlich gut ging. Aber wir wollen alle, dass es unseren Kindern noch besser geht als uns. Widerstände räumen wir ihnen gerne persönlich aus dem Weg. Wir wollen sie behüten und beschützen. Und unsere Kinder sollen alle studieren, Handwerker können bitte schön die Nachbarskinder werden, aber nicht unsere eigenen. Unsere Kinder sollen beruflich erfolgreich, hübsch, klug, selbstbestimmend, sportlich, gesellig, rhetorisch überlegen, gebildet, aber auch naturverbunden sein.

In etwa so, wie wir uns den optimalen Partner vorstellen: in allen Lebensbereich perfekt ausgebildet, geschult, trainiert und trotzdem weltoffen und lustig und liebevoll! Solche Kinder hätten wir gerne. Jemand, der nur gute Noten hat und trotzdem beliebt ist bei allen Mitschülern und Lehrern. Ein Kind, das gerne die *Bravo* lesen darf, aber bitte schön auch den *Spiegel*. Grundsätzlich findet das Kind die Schule ganz toll, aber wenn ein Lehrer mal ungerecht ist, kann das Kind das natürlich auch ganz genau unterscheiden und holt sich in diesem Fall vertrauensvoll Hilfe bei den Eltern.

So ein Quatsch! So funktioniert das Leben nicht! Und Kindererziehung schon gar nicht. Das sind Kinder. Oder bestenfalls Jugendliche. Die müssen sich erst mal unterordnen. Und die müssen in bestimmten Lebensbereichen auch mal scheitern, um was daraus zu lernen. Wenn man nie scheitert, kann man auch nichts lernen. So ist das. Learning by doing! Wir können unsere Kinder nicht vor irgendetwas bewahren. Das müssen die schon selbst rausfinden. Entweder sie finden es früher raus, oder, weil wir Helikopter-Eltern sie so beschützen, sie finden es später raus! Die Frage ist: Wann tut es weniger weh? Schlechte Erfahrungen im Kindesalter oder im Erwachsenenalter? Das ist doch eine ganz normale Erfahrung, dass du manchmal der Arsch bist.

Grundschule, erste Klasse – bist erst mal der Arsch.

In der ersten Klasse auf dem Gymnasium – bist erst mal der Arsch.

Student im ersten Semester an der Uni – bist erst mal der Arsch.

Lehrling im ersten Lehrjahr – bist erst mal der Arsch.

Neuer Mitarbeiter im Betrieb – bist erst mal der Arsch.

So ist das Leben! Und das müssen auch unsere Kinder akzeptieren und lernen! Später kommt keiner, der sagt: «Nee du, das versteht ich total, dass das schwierig ist jetzt gerade in der Situation für dich und dass du dich da grad nicht so gut fühlst ...» So behandelt dich keiner als Erwachsener – warum behandeln wir unsere Kinder so?

Wenn es draußen richtig regnet, sage ich zu meinen Kindern: «Hannah, ich fahr dich schnell die 400 Meter zu Kathi, du wirst ja sonst ganz nass!» (Und dann fahre ich die tatsächlich 400 Meter!) Es ist ja nicht so, dass Hannah einläuft wie ein Wollpulli, wenn sie nass wird. Warum mache ich das also?

Meine Mutter hätte zu mir gesagt: «Hast du einen Vogel? Geh zu Fuß! Nimm einen Schirm und kauf auf dem Rückweg noch folgende Sachen ein und sei spätestens um 18 Uhr zu Hause, da gibt's Abendessen. Und nimm den Müll mit!»

Heute kommen die Kinder irgendwann zwischen acht und neun heim, und ich hüpf dann auf und rufe: «Hey! Alles klar? Magst du was essen?»

Und dann bruzzle ich irgendwas (natürlich zwei verschiedene Essen für beide Kinder).

Oder die Kinder sind daheim, und mein Mann und ich essen um halb sieben zusammen zu Abend. Die Kinder haben keinen Hunger. Stattdessen kommen sie um zehn runter, plündern den Kühlschrank oder die Speisekammer und essen irgendwas, auf jeden Fall kein gesundes Abendessen. Und nicht am Tisch. Und nicht mit uns zusammen.

Gemeinsame Mahlzeiten werden immer seltener. Und nachdem man sie den fünften Abend an den Tisch gezwungen hat und sie einem gelangweilt zugeschaut haben, wie man isst, um irgendwann zu fragen, wann sie eeeeeeeeeeeeendlich aufstehen dürfen, lässt die eigene Motivation zum gemeinsamen Abendessen ebenfalls stark nach. Das ist so schade, denn gemeinsame Mahlzeiten sind wichtig.

Aber das ist nun mal die Wahrheit. Vielleicht haben unsere Eltern nicht immer alles richtig gemacht. Aber unsere Eltern hatten zumindest EIER! Die haben sich nicht ständig um die Kinder Gedanken gemacht. Die hatten keine Selbstzweifel. Das Kind wurde ernährt, das reichte. Um 18 Uhr gab's Abendessen. Entweder du warst da, oder du hast Pech gehabt. Weil danach gab's nix mehr! So war das. Keine Spiegeleier nachts um elf und keine Packung Chips oder Gummibärchen während des Fernsehens. Nix mehr! Und das macht man als Kind zweimal, dass man hungrig ins Bett geht; danach kommt man um 18 Uhr zum gemeinsamen Abendessen. Ist ganz einfach!

Wenn man etwas Besonderes wollte, sollte man es sich gefälligst selbst erarbeiten! Für die Kinder genügte das, was man selbst erreicht hat. Die mussten nix Besseres sein! So haben unsere Eltern das gesehen.

Meine Mutter hat von mir erwartet, dass ich mit 13 ganz

selbstverständlich einen Teil der Bügelarbeit übernehme. Mein Vater hat mich mit 14 mit zum Holzarbeiten genommen, und ich musste die gleiche Arbeit machen wie er und mein Bruder. Da hat mich keiner bedauert, und ich war sogar stolz drauf!

Und hat's uns geschadet? Ganz im Gegenteil!

Aber wenn sich eines meiner Kinder mehrfach über einen Lehrer beschwert, mach ich umgehend einen Termin, um meine Brut zu verteidigen und diese Ungerechtigkeit zu klären. Meine Eltern hätten gesagt: «Dein Pech, du musst halt mit dem auskommen.»

Manchmal mach ich mir wirklich Gedanken, was für eine Generation wir da heranziehen. Werden das dann alle Erwachsene mit mehr oder weniger großen psychischen Problemen? Na ja, dann würde ich Hannah auf jeden Fall zum Psychologie-Studium raten. Dann hat sie später wenigstens Arbeit.

Im Büro

Von: Maximilian
Betreff: nüüüüüüüüüüüüüxxx

Handy Internet flat wichtig!!!!!!!!!!!!!!!!!!!!!!!!!!!!!!!!!!!!!!!
Bitte anschauen http://dsl.1und1.de/ldskjf=CJidj896fdkjll-Jl4x4=OM.PI.PU683989
SEIONARA MUTSCHATSCHO

Von: Mama
Betreff: Le Muhz

Du Muhz du!
Opa und Oma haben mich gefragt, was du dir zum Geburtstag wünschst, und wir haben uns drauf geeinigt, dass ich für 70 € etwas kaufe und zu ihnen bringe, sie es einpacken und dann an deinem Geburtstag wieder mitbringen, um es dir zu geben ... (Ja, das ist sehr schlau – ich weiß.)
Also ist es jetzt so, dass ich praktisch eine Vollmacht über 70 € habe, für die ich für dich bei EMP etwas bestellen kann! Die zwei wollten dir nämlich etwas Sinnvolles schenken, und ICH hab's ihnen ausgeredet! Du hast sooooooooooooo viel Glück mit mir! Ich bin so eine coole und verständnisvolle Mutter! ☺ Es ist unglaublich ...
Gemuhzt

Von: Hannah
Betreff: LA!!!! (Muhz ist in diesem Fall nämlich weiblich) Muhz

Du Stück du!!!!! Danke ;-)

Von: Maximilian
Betreff: Handy

Miiiiiiepmuhz
http:///shop.mobilcom-debitel.de/online.-shop/tarif/debitel/flat4/34509
lülüllüüllüüüüüüüüüüüüüü
Homi»

Also! Darauf antworte ich jetzt echt nicht. Das ist unter meinem Niveau. Irgendwann bekomme ich eine E-Mail von dem, in der steht dann nur:
DU! MAMA! KAUFEN!
http://GEHIRN-NIVEAU-98648//ree/dd:=_ANSTAND//RE-TORIK/-o97hoi//2Mal-GEHIRN//—JETZTGLEICH-.970997-UGA-AGA-UGU
Gruß BUB

Nö, nö. Der kann mich jetzt schön am Arsch lecken. Wenn er was will, muss er schon gescheit mit mir reden.

Von: Bruder
Betreff: Bilder Kinder

Ich brauch noch die Bilder von den Zwergen vom Urlaub mit Opa und Oma für das Fotoalbum, das wir ihnen schenken wollen!
Mit freundlichen Grüßen und Glück auf!!
Christian

Was zum Teufel soll eigentlich dieser Glück-auf-Scheiß immer? Findet der das cool?

Von: Mama
Betreff: WG: Bilder Kinder

Wer kümmert sich darum?

Nach 5 Minuten – Schweigen.

Nach 30 Minuten – Schweigen.

Nach 2 Stunden – Schweigen.

Hallo? Die sind IMMER online! Die bombardieren mich den ganzen Tag mit E-Mails, was sie alles brauchen! Und wenn ich nicht zeitnah reagiere, sind sie sofort irgendwas zwischen enttäuscht und verärgert! Aber wenn die EINMAL dran sind zu reagieren, hört man nix mehr! Das darf doch nicht wahr sein.

STEH JETZT AUF!

Frühstück

Mein Mann geht nach dem Frühstück ins Gäste-WC, um sich die Hände zu waschen, und kommt völlig entnervt wieder raus.

«Da stehen vier Haarsprays im Klo! Wieso? Das ist ein Gäste-WC! Wir haben ein Elternbad und ein Kinderbad! Wieso stehen im Gäste-WC vier Haarsprays? Kann mir das bitte mal einer erklären?»

«Die gehören mir», sagt Maximilian zögerlich.

«Wieso brauchst du hier unten VIER Haarsprays?»

«Das sind zwei Haarsprays, ein Festiger, und das andere is ein Deo!», verteidigt sich Maxi.

Mein Mann schaut ihn an, er atmet ganz schnell, und seine Nüstern blähen sich ein bisschen, so schnaubt er. Man merkt, dass er sich jetzt sehr, sehr zusammenreißen muss.

«WIESO brauchst du das alles HIER UNTEN?», presst mein Mann hervor.

«Ja, das eine mittelstarke Haarspray brauch ich für die Seiten und das ultrastarke für oben und den Festiger am Schluss, und das mit dem Deo is eh klar, oder? Und ich brauch das alles hier unten, weil ich das ja nach dem Frühstück überprüfen muss, sonst muss ich ja noch mal hochgehen!»

Maximilian macht eine nach oben deutende Handbewegung. Dabei schaut er seinen Vater an mit einem Das-ist-doch-nicht-so-schwer-zu-kapieren-Blick. Mein Mann schnauft nur, und ich mache eine Husch-husch-raus-hier-

Geste zu Maxi, der sich ins Gäste-WC verzieht, um die nötigen Restaurierungsarbeiten an sich vorzunehmen.

«Schatzi! Das geht nicht, dass der das alles im Gäste-Klo bunkert. Wenn wir das alle machen würden, weißt du, wie es dann hier aussähe? Dann muss er halt hochgehen! Oder sehe ich das falsch? Außerdem ist das doch nicht normal! Der wird doch schwul!»

Hannah hört ihm zu und bricht in eine panische Lachattacke aus.

«Ha, ha! Der Maxi schwul! Ha, ha, ha – wegen dem Haarspray, wie geil is das denn?! Ich schmeiß mich weg! Ha, ha, ha! Die Idee!»

Oh, oh. Die Reaktion von Hannah bessert die Laune meines Göttergatten nicht wirklich.

«Ich red mit Maxi. Versprochen. Okay?»

Er macht ein Mrrrmrmrhrhh-Geräusch. Werte ich jetzt einfach mal als ja.

Abendessen

Ich habe von 8 bis 17 Uhr gearbeitet. Ich komme nach Hause und finde meine Kinder auf der Couch liegend vor. Der Fernseher läuft, und alle Vorhänge sind geschlossen. Es müffelt. Die Kinder haben die Augen nur zu 10 Prozent offen, sagen «Hi» zu mir, bleiben aber unverändert liegen.

«Was macht ihr da?»

«Wir schauen fern ...»

«Wie lange liegt ihr denn da schon?»

«Weiß nich», sagt Hannah.

Maximilian reagiert überhaupt nicht.

«Hier stinkt's! Ihr müsst mal lüften! Warum sind eigentlich alle Vorhänge zu?»

«Es war so hell draußen ...», erklärt Hannah und streckt sich dabei ein bisschen.

«Ja, das hat der Tag so an sich! Dass es da hell ist! Draußen scheint die Sonne, und ihr zwei liegt hier im Dunkeln und müffelt vor euch hin! Ihr wollt mir aber jetzt nicht erzählen, dass ihr da rumliegt, seit ihr aus der Schule gekommen seid, oder?»

Währenddessen reiße ich alle Vorhänge auf und öffne diverse Fenster. Die Kinder fühlen sich von mir extrem gestört.

«Kaum bist du da, ist hier voll die Hektik, Mama! Jetzt chill mal ...»

Ach, wie schön. Unser Sohn liegt also nicht im Koma und kann doch sprechen.

«Nein! Ich chill nicht! Und ihr jetzt auch nicht mehr! Jetzt steht mal auf und geht raus an die frische Luft, und dann macht ihr eure Hausaufgaben!»

Beide Kinder verdrehen die Augen und gehen missmutig nach oben.

«Ich mach die Hausaufgaben jetzt gleich.»

«Ich auch.»

Ich werfe also schnell eine Maschine Wäsche an, lege die aus dem Trockner zusammen, räume das Wohnzimmer etwas auf, beseitige das Chaos in der Küche und räume das Altglas in den Kofferraum meines Autos, um es morgen früh vor der Arbeit wegzufahren. Nach einem Blick in den Kühlschrank fange ich an, auch noch den zu putzen. Anschließend bereite ich vier verschiedene Abendessen zu:
1. Wurstsalat für meinen Mann.
2. Käsetoast für Hannah.

3. Wiener mit Toastbrot in Ketchup für meinen Sohnemann.
4. Tomatensalat für mich.

Kurz bevor mein Mann heimkommt, gehe ich rauf zu Hannah. Die liegt im Bett und liest.
«Jetzt liegst du schon wieder?»
«Mooooooooooooom...»
«STEH JETZT MAL AUF! Du hast ja gar keinen Kreislauf mehr...»
«Mama... Kreislauf hat man immer! Sonst ist man tot, weißt du?»
Boah, ist das eine Klugscheißerin.
«Das ist mir schon klar, Hannah, das war im übertragenen Sinne gemeint!»
Aber Hannah sieht mich nur mit hochgezogenen Augenbrauen an.
Ich schaue auch in das Zimmer des männlichen Chillers. Der liegt ebenfalls im Bett. Im Gegensatz zu seiner Schwester liest er nicht – er schläft tief und fest. Abends um halb sieben.
«MAXI! Jetzt steh mal auf! Komm runter, es gibt gleich Essen!»
«Ich mag nix», sagt er kurz und dreht sich um.
«DOCH! Du magst! Komm jetzt gefälligst runter. Klaro?»
Wir sitzen also zusammen und essen, und ich frage Maxi irgendwann: «Und? Funktioniert dein Kühlschrank gut?»
«Jo! Aber ich benutze ihn nicht mehr!»
Kurzer erschrockener Blick zu meinem Mann. Der zieht die Augenbrauen nach unten.
«Was? Warum? Das war dir doch sooooooooo wichtig!»
«Der ist in der Nacht so laut», sagt Maxi kurz angebunden.

Mein Mann schaut Maxi 10 Sekunden an. Dann schaut er mich 10 Sekunden an.

«Was hat der Kühlschrank noch mal gekostet?», fragt er.

Ich werde immer kleiner in meinem Stuhl, aber Maxi antwortet wie aus der Pistole geschossen: «80 Euro.»

«Und wie lange hast du den benutzt?»

Ich rutsche noch ein Stückchen weiter runter in meinem Stuhl.

«Drei Tage.»

Maxi tunkt munter ein Stück Toastbrot in den Ketchup und checkt wie immer gar nichts. Mein Mann sagt gar nix mehr. Aber auf seiner Stirn schwillt die Ader immer mehr an, und er presst auch die Lippen ganz komisch aufeinander, sodass sie schon ganz weiß sind, und er schwitzt auch ein bisschen.

«Maxi, geh rauf!», sage ich schnell.

Maximilian kapiert gar nix.

«Warum?»

«Maxi, du darfst aufstehen!»

Ach so! Er grinst und freut sich und geht hoch. (Gott, ist mein Sohn leicht zu manipulieren!) Ich schaue meinen Mann an und sage:

«Komm schon ... Nicht ärgern, ja? Das hat der sich halt nicht so vorgestellt, dass der Kühlschrank so laut ist. Da konnte er dann, glaub ich, gar nicht schlafen. Ich führe morgen ein ernstes Gespräch mit ihm und mach ihm klar, wie viel Geld das gekostet hat und wie leichtfertig er ist, okay? Ich rasier ihn richtig! Ich mach ihn richtig fertig! Ganz im Ernst!»

Er sieht mich immer noch mit zusammengepressten Lippen an.

«Du, übrigens, Sebastian hat vorhin angerufen: ob du

morgen mit ihm golfen willst. Meinetwegen kannst du morgen Nachmittag ruhig gehen!»

Dabei nicke ich ihm aufmunternd zu. Mein Mann entspannt sich ein bisschen, natürlich will er morgen mit Sebastian golfen, und er freut sich auch drauf.

«Aber das mit dem Kühlschrank is trotzdem scheiße!»

«Ja, find ich auch! Aber ich scheiß ihn deswegen echt richtig zusammen. Versprochen!»

Frühstück

Mein Mann muss heute früher raus, weil er auf Geschäftsreise fährt. Er kommt also um halb sechs die Treppe runter und sagt: «Da läuft doch die ganze Zeit Wasser?»

«Ja, Hannah duscht.»

«Was? Jetzt?» Er schaut ungläubig auf die Uhr. «Die muss erst in zwei Stunden aus dem Haus!»

«Ja, das dauert immer, mit den Haaren und so…»

Er räumt seine Koffer ins Auto, ordnet seinen Kram und schaut, ob er alles dabeihat. Eine halbe Stunde später, ich bereite gerade Frühstück zu, steht mein Mann neben mir und sagt: «Da läuft doch immer noch Wasser?»

«Joaaa…»

«Was macht die denn da?»

«Schatz, die duscht!»

«Schatzi, das kostet ein VERMÖGEN, wenn die eine halbe Stunde duscht! Macht die das immer so?»

«Neiiiiin! Natürlich nicht!»

Uiuiui, ich glaub, es ist besser, wenn er nicht weiß, dass das fünfmal die Woche so ist.

Kurz darauf sitzen wir zusammen, trinken Kaffee und essen einen sehr gesunden Amaranth-Brei mit frischem Obst. (Die Kinder machen leise Ekel- und Würg-Geräusche, wenn sie sehen, dass wir so was essen.) Hannah kommt runter, wirft einen Blick aus dem Fenster und sagt: «Nein! Nein. Scheiße! Es regnet ja! Oh Mann, fuck! Und ich hab jetzt extra Haare gewaschen! Jetzt war alles umsonst! WARUM NUR?»

Geknickten Hauptes geht sie an uns vorbei in den Keller, um ihr Lieblings-T-Shirt aus dem Trockner zu holen.

Mein Mann dreht sich hektisch zu mir um: «?????????»

«Wegen der Haare.»

Er dreht sich um und schaut Hannah zu, wie sie in den Keller geht, wendet sich dann wieder mir zu und schüttelt mit weit aufgerissenen Augen den Kopf.

«????????»

«Wenn es regnet, ist die Luftfeuchtigkeit hoch. Und wenn Hannah die Haare wäscht, dann muss sie die anschließend glätten, mit dem Glätteisen, das du bezahlt hast. Weißt du noch?»

Er schaut mich hektisch nickend an.

«Ja, und wenn Hannah die dann gaaaaaanz lange gewaschen und gaaaaanz lange geglättet hat und dann bei Regen rausgeht – und die Luftfeuchtigkeit ist ganz hoch –, dann kräuseln sich die wieder! Dann war alles umsonst. Hast du verstanden?»

Er schaut mich hektisch kopfschüttelnd an.

«SIE HAT KEINE LOCKEN! Bin ich der Einzige, der das kapiert?»

«Nein! ICH WEISS, DASS SIE KEINE LOCKEN HAT! Das ist ja auch meine Tochter! Es geht darum, dass sich die Haare kräuseln!»

«???????»

«Komm, wir lassen das Thema.»

«Ja, hast recht. Ist besser. Ich kapier das alles nicht mehr», sagt er und lässt die Schultern mutlos hängen.

DIE SCHÄRFSTE CHILI DER WELT

Im Büro

Von: Maximilian
Betreff: MEINE CHILI!!

Mama kannst du bitte ganz dringend meine Chili gießen!!! Gleich wenn du heute heimkommst.
Ich komme zwar nur eine Stunde später aber ich habe Angst das es dann zu spät ist.
Ich hab Angst das die bis dahin verreckt.
Ich hab des heute früh vergessen!!! Scheiße!
Jetzt pass auf! Du musst die Pipette nehmen, die liegt neben der Pflanze, und genau 5 Tropfen direkt an den Stamm träufeln.
Okay?? Bitte Mama, du musst das sehr genau machen, weil die Chili is schwierig!

Von: Mama
Betreff: Re: MEINE CHILI!!

Maxi, ich hab zwei Kinder geboren, hab einen Beruf und führe einen Vier-Personen-Haushalt – seit 15 Jahren. Ich glaub, ich bekomm's hin, deine Chili zu gießen!

Von: Maxi
Betreff: Re: Re: MEINE CHILI

Aber die is empfindlich …

Von: Mama
Betreff: Re: Re: Re: MEINE CHILI

Hör auf, mir aus dem Unterricht E-Mails zu schicken!
Du sollst im Unterricht gefälligst aufpassen!

Jetzt muss man folgenden Sachverhalt erklären: Maxi hat vor einem Jahr angefangen, nach Chili-Sorten zu googeln. Irgendwann hat er herausgefunden, dass es die schärfste Chilisorte der Welt gibt und die zweitschärfste usw., und der Schärfegrad wird in Scoville gemessen. Also hat er uns ganz lange angebettelt, dass er sich die Samen für irgendeine superscharfe Gattung der Chili im Internet bestellen darf. (So lange war es ehrlich gesagt gar nicht – es hat nicht mal eine Woche gedauert, bis wir umgefallen sind.) Wir haben ein bisschen hin und her diskutiert, und dann haben wir es ihm erlaubt, aber eigentlich haben wir gedacht: «Das wird doch eh nix. Der ist mit der Verantwortung für seine Socken überfordert. Dem gehen die Samen eh nicht auf, und dann hat die Sache ein Ende.»
Tja, Pustekuchen.
Unser Sohn, der es nicht mal schafft, eigenständig ein Blatt einzuordnen oder rechtzeitig Bescheid zu geben, dass die Zahnpasta alle ist, hat sich von Anfang an rührend um die Chili-Samen gekümmert. Die waren praktisch seine Ba-

bys. Er hat sich also ein kleines Gewächshaus besorgt und die Samen da reingepflanzt. Das Gewächshaus hat oben mehrere Lüftungsklappen. Maxi hat einen komplizierten Modus entwickelt, in dem die Lüftungsklappen geschlossen und geöffnet werden müssen, den Algorithmus dazu hat einzig und allein Maximilian verstanden, und diesem Algorithmus lag eine mehrwöchige Google-Recherche zugrunde.

Als die Chilis (vier haben gekeimt) etwa fünf Zentimeter groß waren, wurden sie von Maxi vorsichtig und zeitaufwendig pikiert und in größere Töpfe umgesetzt. Jeden Tag wurden die Chilis mit einer genau bemessenen Menge gegossen und in regelmäßigen Abständen gedüngt. Zwei von den vieren sind eingegangen.

Von den übrigen zwei war eine von Anfang an sehr mickrig. Maximilian ist fest davon überzeugt, dass die Mickrige einmal ganz kurze Zeit zu lange in der Sonne stand und daran eingegangen ist. Auf jeden Fall war die irgendwann auch hin. Übrig blieb DIE EINE Chili. Dementsprechend überfürsorglich wird sie von Maximilian behandelt. Die Chili ist mittlerweile gut 30 Zentimeter groß und sieht sehr gesund aus. Aber Maxi ist, wenn es um seine Chili geht, immer leicht panisch.

Hannah sagt immer: «Die einzige wirkliche Diva im Haus ist die Chili!»

Die «Diva-Chili» trägt jetzt auf jeden Fall sechs Chili-Früchte, die bald erntereif sind!

Abends

Ich komme nach dem Büro zur Tür rein und sehe einen leeren Tetrapak, etliche gebrauchte Taschentücher und eine Flasche Cola Zero, in der noch ein winziger Schluck ist, auf dem Wohnzimmertisch. Garniert von einer leeren Chipstüte sowie einer leeren und einer fast leeren Tüte Gummibärchen. 5 Prozent der Chips und 8 Prozent der Gummibärchen sind auf dem Boden gelandet. Maximilian liegt bäuchlings auf der Couch, Hannah hängt halb über dem Sessel. Ich bin ehrlich schockiert.

«Wie sieht's denn hier aus? Spinnt ihr?»

«Der Max hat die ganzen Cheese-Chips aufgefressen, der Fresssack. Ich wollte auch welche abhaben, aber der frisst immer gleich alles auf! Sag dem mal, dass mir die Hälfte davon gehört und dass er nicht immer alles wegfressen soll!»

«Ich hatte Hunger!», verteidigt sich Maximilian.

«Ja, aber du musst nicht immer gleich alles wegfressen, weil die Hälfte davon gehört einfach mir! Das nächste Mal versteck ich die vorher!», droht Hannah.

«Das mach ich schon lange, dass ich das Zeug versteck, das ich nicht teilen will…», antwortet Maxi cool.

«MOM! Der versteckt Essen vor mir! Sag dem, dass das nicht geht!»

Hannah setzt sich erregt auf.

«Hannah, ich komm grad zur Tür rein. Jetzt lass mich erst mal durchatmen! Überhaupt: Wie sieht's denn hier aus? Habt ihr das alles heute Nachmittag gegessen? Und wieso sind schon wieder die Vorhänge zu?»

«Jetzt sag's ihm!», knurrt sie.

«Hannah, jetzt räumt ihr hier erst mal auf! Maxi, du auch!

Und in deinem Zimmer auch gleich. Da sieht's ja aus! Ich war da heute früh drin, sag, spinnst du? Die ganze Wäsche auf dem Boden! Und der Müll dazwischen! Bring das endlich in Ordnung! Das ist ja abartig! Echt! Und Hannah: Keiner hier verhungert. Wir haben so unglaublich viele Sachen zum Essen, und ich trage jeden Tag so viele Lebensmittel rein, dass keiner verhungern muss, okay? Also hör mit dem Futterneid auf! Und du, Maxi, teilst in Zukunft gefälligst und isst nicht immer alles allein auf! Ist das klar? Bei beiden?»

Beide Kinder verdrehen die Augen und gehen rauf. Wie schön. Jetzt bin ich mal wieder der Arsch. Super gelöst von mir.

Später

«Da läuft doch schon wieder seit 10 Minuten Wasser?»

Mein Mann schaut mich fragend an.

«Joaaah...»

«Duscht die jetzt schon wieder so ewig, oder was? Du hast doch gesagt, du willst mit ihr darüber reden!»

«Hab ich! Die hört bestimmt gleich auf.»

5 Minuten später.

«Schatzi, die duscht jetzt eine Viertelstunde!»

«Ja, stimmt. Ich red gleich nachher noch mal mit ihr. Versprochen!»

5 Minuten später.

«JETZT REICHT'S!»

Mein Mann springt auf. In diesem Moment kommt Hannah im Schlafanzug runter und setzt sich zu uns auf die Couch. Das Wasser läuft immer noch.

«Wer duscht denn da so ewig?», fragt er Hannah.

«Das Mäxchen. Wer sonst?»

Die Gesichtsfarbe meines Mannes wechselt auf Kaminrot.

«Ich red gleich morgen mit ihm! Versprochen! Ganz ernst sag ich ihm das!», versuch ich, ihn zu beschwichtigen.

«EIN VERMÖGEN! EIN VERMÖGEN kostet das! Das sagst du ihm: EIN VERMÖGEN!»

«Ja! Sag ich ihm!»

Frühstück

Hannah hat sich heute Früh die Haare gewaschen und geglättet. Deswegen ist sie mal wieder um halb sechs aufgestanden. Während wir also frühstücken (Kinder: Nougat Bits von Kellogs mit laktosefreier Milch. Wir: Wurstbrot), sagt Max: «Wo ist eigentlich der kleine Knirps-Schirm?»

«In der Garderobe bei den Schals.»

«Hey, den brauch ich heute!», erbost sich Hannah.

«Nö! Nix! Ich hab ewig gebraucht, bis die Haare so sitzen! Den brauch ich!»

«Hey Alter, ich bin heute um halb sechs aufgestanden, um mir die Haare zu waschen und zu glätten! Ich krieg den Schirm!», stellt Hannah klar.

«NEIN.»

«DOCH.»

«MOMENT MAL!», gehe ich dazwischen. «Wir haben ja noch ganz viele andere Schirme! Also kein Problem!»

Beide Kinder verdrehen die Augen.

«Die sind scheiße! Die sind so groß. Das is ja endpeinlich!», sagt Maximilian, und Hannah nickt bestätigend.

???????

Wieso ist ein Knirps cool und ein normaler Schirm endpeinlich? Kann mir das jemand erklären? Früher haben die Kinder grundsätzlich keinen Schirm benutzt. Egal, wie sehr es draußen geregnet hat – sie haben keinen Schirm genommen. Und wir haben uns den Mund fusselig geredet, es hat nichts gebracht! Lieber sind sie mit komplett nassen Haaren in die Schule gegangen, weil einen Schirm haben nur die Streber genommen. Die Logik soll mir mal einer erklären, was daran cool ist, komplett nass in die Schule zu kommen. Aber seitdem beide Kinder jetzt diesen Haarkult betreiben, hat sich das geändert. Jetzt ist nur noch ein großer Schirm uncool, wohingegen ein Knirps durchaus akzeptabel ist.

Ich löse das Problem, indem ich meinem Knirps aus meinem Auto hole und ihn Hannah gebe. Nicht, weil ich so ein lösungsorientierter Mensch bin, sondern weil ich einfach in der Früh überhaupt keinen Nerv für solche Diskussionen habe. Und glücklicherweise habe ich kein Problem mit einem großen Schirm. Die Kinder sind glücklich, und als mein Mann runterkommt, ist die Diskussion vorbei, und ich muss ihm nicht wieder ausreden, dass Maxi womöglich schwul sei.

Im Büro

Von: Maximilian
Betreff: Kaffeemühle

Mama meine Chilis sind jetzt dann Ernte-reif und dann muss ich die trocknen und dann mahlen und deswegen brauch ich eine UNBENUTZTE Kaffeemühle!

www.http://Bio-Online-Shop//0975-88jjj//Mühle//ma-heln_7099//Kaffee_//Shop-Bio-9ddd
Die muss unbenutzt sein sonst verändert das das Aroma.
Bitte schnell bestellen – ist echt wichtig.
Die ist von Rosenthal und ein bisschen teurer aber dafür auch ein Qualitätsprodukt was enorm wichtig ist für die Qualität des Chilipulvers.
Okay??
Grazie!!
El Maximiliano

Von: Hannah
Betreff: Haare

Hallo, hier die Links zu Haarfarbe. Bitte einmal rot für Kathi mitbestellen.
Für Kathi: http://www.impact-mailorder.de/Haarfarbe-Pflege-Schmuck/Alle-Haarfarben/red-hotshot-Haarfarbe-150ml::986876/html
Für mich entweder:
http://www.impact-mailorder.de/Haarfarbe-Pflege-SChmuckt/Alle-Haarfarben/Banz/toxic-absinth-Headshot-Haarfarbe-150ml::9283749832/html
oder
http://www.impact-mailorder.de/Haarfarbe-Pflgege-Schmuck/Alle-Haarfarben-Bizare-Burgundy-headshot-haarfarbe-150ml::293843928/html
Soll ich das grün oder das lila nehmen?
Merke: das grün wird wahrscheinlich n bisschen heller. Was meint das Muhz??

Mit muhzigen Grüßen
Das coole Muhz!

Von: Mama
Betreff: Kostennutzenfaktor der MIEPundMUHZ Company

Hallo Shopping Queen und Shopping King!
Ich hab grad mal mein E-Mail-Fach durchgeschaut und mir ist aufgefallen, dass ich von euch nur E-Mails bekomme, wenn ihr etwas braucht oder Geld wollt! Ausschließlich!
Ich wünsche mir andere E-Mails. Etwa «Wie geht's dir?» «Was machst du so?» «Wie ist es bei der Arbeit?» «Wollen wir was zusammen machen?» Denkt mal drüber nach!
PS: Das Grün bestell ich auf gar keinen Fall!

Von: Hannah
Betreff: Re: Kostennutzenfaktor der MIEPundMUHZ Company

Hadigafeli (HabDichGanzFestLieb)

Von: Maximilian
Betreff: Re: Kostennutzenfaktor der MIEPundMUHZ Company

Bist doch unser liebstes Mutterschiff ☺

So so ... Aber ist irgendwie süß: Hadigafeli! Und: liebstes Mutterschiff. Meine Muhzis. Natürlich weiß ich, dass sie mich nur manipulieren. Aber es funktioniert!

Abends

Ich komme von der Arbeit, es ist 19 Uhr 15, und es war ein echt harter Tag. Ich war noch einkaufen und bin extra einen Umweg von 6 Kilometern gefahren, um bei dem Supermarkt einzukaufen, der die gezuckerten Herzwaffeln führt, die meine Kinder gerade favorisieren. Hannah sitzt vor einer Riesenportion Kaiserschmarrn, die sie sich gemacht hat, und so sieht auch die Küche aus, während Maxi seine geernteten Chilis mit destilliertem Wasser säubert.

Während ich also alle Einkäufe im Kühlschrank und in der Speisekammer verstaue, hält mir Hannah einen Vortrag über den mangelnden Respekt der Sechstklässler.

«Also früher, wenn die aus der Oberstufe an uns vorbeigegangen sind, da haben wir uns samt dem riesen Schulranzen an die Wand gedrückt, damit die ja bequem vorbeigehen können! Wir waren da schon froh, wenn die uns nicht beachtet haben. ABER HEUTE! Die Zeiten haben sich völlig geändert. Die haben gar keinen Respekt mehr. Es ist wirklich schlimm! Was soll denn das mal für eine Gesellschaft werden? Das ist erschreckend! Heute hat es so ein kleines AK-Kind (Arschlochkind) tatsächlich gewagt, über meine Haare zu lästern! Ich meine, ein Sechstklässler! So verwahrlost unsere Gesellschaft. Das ist doch nicht akzeptabel, dass geht doch nicht...»

Plapper, plapper, plapper. Sie redet und redet, und ich frage irgendwann, wer wohl das Chaos bereinigt, das sie in der Küche hinterlassen hat, und sie winkt ab und sagt: «Ja, das mach ich dann schon. Aber bei uns früher, wir hätten uns NIE getraut, irgendwas zu einer aus der Oberstufe zu sagen. Und im Bus ist das genau das Gleiche, die drängeln da...»

Und während sie redet und redet, räume selbstverständlich ICH das Chaos weg, als ich irgendwann auf Maximilian schaue. «Was machst du da?»

Hochgezogene Augenbraue ...

«Ich wasch meine Chilis!»

«Okayyyy. Warum?»

«Ich hab die heute geerntet!»

Strahlendes Grinsen.

«Ja, super! Das freut mich! Da hast du dich ja jetzt echt lange bemüht! Und wie viele sind's geworden?»

Ich höre auf, die Küche zu putzen, und setze mich zu ihm an den Tisch, um die Chilis zu begutachten.

«Sechs Stück! Und die müssen jetzt 48 Stunden bei 65 Grad im Ofen trocknen, und da darf dann auch nix anderes rein, und man darf die Türe auch nicht aufmachen, weil die Hitze ganz genau gehalten werden muss!»

«Ja, aber Opa Günther und Oma Ilse kommen morgen, und ich wollte einen Hirschbraten machen. Da brauch ich den Ofen!»

«Nee, das geht nicht.» Maximilian schüttelt entschlossen den Kopf. «Sorry, das geht nicht.»

«Wie, das geht nicht? Die kommen morgen, und ich hab grad den Braten gekauft!»

«Mama, darüber können wir jetzt echt nicht diskutieren! Ich hab da ein Jahr drauf hingearbeitet und hab die heute geerntet und muss die jetzt trocknen, sonst gehen das ganze Aroma und die ganze Schärfe verloren! Das gehen echt nicht anders! Du weißt genau, wie wichtig mir das ist!»

«Aber der Hirschbraten war arschteuer!»

«Nee, Mama. Sorry. Das geht echt nicht.»

«Ja, aber ...»

Nächster Tag, abends

Opa Günther und Oma Ilse sind da. Es gibt Hirschgulasch aus dem Topf. Die beiden fragen, was denn da im Backofen ist. Erklär das mal jemandem, der über achtzig ist und im Krieg nichts zu essen hatte ...

Später

«WER DUSCHT DA SCHON WIEDER 15 MINUTEN?»
Mein Mann steht am Fuß der Treppe und brüllt den Satz in eine unbestimmte Richtung. Seine Gesichtsfarbe ist äußerst bedenklich.
«Warte, ich schau mal. Ich geh rauf und unterbinde das sofort. Okay?»
Er antwortet nicht. Ich weiß nicht so richtig, ob's okay ist. Ich weiß nur, dass ihn das Thema extrem aufregt. Versteh ich ja auch. Es ist wirklich schade ums Geld, wenn jemand 20 Minuten duscht. Und wenn das zwei Kinder jeden Tag, sieben Tage die Woche machen, summiert sich das wirklich enorm. Ich renne also rauf und klopfe hektisch an die Badezimmertür der Kinder. Tonk, tonk, tonk.
Tonk, tonk, tonk, tonk, tonk, tonk.
«MAMA!!! ICH DUSCHE!»
«Hör auf, so lange zu duschen! Der Papa ist schon voll sauer. Echt jetzt! Hör auf zu duschen!»
«Jaaaaaha, okay.»

Abendessen nächster Tag

Maxis Chilis wurden also 48 Stunden bei korrekter Temperatur getrocknet und danach in einer unbenutzten Rosenthal-Kaffeemühle dreimal durchgemahlen (hat 1,5 Stunden gedauert und hat er ganz allein und inbrünstig gemacht!). Heute Abend hab ich den Auftrag bekommen, Chili zu kochen (ohne Bohnen und ohne Mais, weil er das nicht mag – also praktisch Bolognese), damit Maximilian die Speise mit seinem edlen und hart erarbeiteten «zweitschärfsten-Chili-Pulver-der-Welt» würzen kann.

Der Moment ist also da. Mein Sohn hat ein Jahr darauf gewartet.

«Nimm nur ganz, ganz wenig! Nicht, dass du dir den ganzen Mundraum verbrennst!», ermahne ich ihn.

Und er streut eine Prise in den Topf. Ich gebe ihm einen Schöpflöffel voll Soße in einen Suppenteller und kredenze ihm diesen lächelnd. Er sitzt vor dem Teller, ich daneben und bin gespannt wie ein Flitzebogen. Er probiert vorsichtig einen viertel Löffel ... Dann noch mal. Dann einen ganzen Löffel.

«Is gar nicht scharf!»

«Wie? Ist nicht scharf? Echt?»

Und wir stehen auf und nehmen einen Teelöffel voll Chilipulver und geben ihn in das Chili und lassen alles noch mal aufkochen.

Erneuter Geschmackstest von Maxi: «Is nicht scharf!»

«Das gibt's doch nicht! Lass mich mal probieren.»

«Nee, is echt nicht scharf», stimme ich zu.

Wir geben also einen ganzen Esslöffel des Pulvers in das Chili – die Hälfte des gesamten Ernteertrages.

«Und? Jetzt scharf?»

«Nö.»

Betretenes Schweigen.

Irgendwann muss Maxi anfangen, leise zu lachen. Ich auch. Sein Kichern wird immer stärker, und ich kann mich auch nicht mehr zurückhalten. Die Situation ist einfach zu komisch. Schließlich sitzen wir in der Küche und lachen uns beide schlapp. Einerseits lache ich über die irrwitzige Situation, andererseits aber auch, weil ich erleichtert bin, dass er das Ganze nicht so bierernst nimmt.

Er hat ein Jahr lang einen Riesenaufwand betrieben und stellt jetzt fest – war alles fürn Arsch. Ich glaube, er bewältigt die Situation auf eine bestimmte Maxi-Art. Mit dieser bestimmen Maxi-Art rät er mir auch immer, wenn ich keinen Ausweg sehe und mich furchtbar aufrege: «Chill mal.» Vielleicht hat er ja auf seine Art recht? Man kann ja manchmal eh nichts ändern. Du kannst dich furchtbar aufregen und ärgern – oder auch nicht. Ändert beides nix!

Ich glaube, heute habe ich was dazugelernt. Chill mal!

REIN PLATONISCH!

Im Büro

Von: Maximilian
Betreff: Übernachten

Hi Mama!
Kann ich am Samstag bei Jenny übernachten??
Gruß Maxi

OH MEIN GOTT! Wie? Der will bei einem Mädel schlafen? Hat der eine Freundin? Wieso weiß ich das nicht? Oh Gott! Panik, Panik, Panik!
   Okay. Cool bleiben.

Von: Mama
Betreff: Re: Übernachten

Wie? Du willst bei einem Mädel schlafen?
Bist du mit der zusammen oder was?

Von: Maximilian
Betreff: Re: Re: Übernachten

NEIN!! Was du wieder denkst! Da schlafen noch 8 andere aus meiner Klasse! Lauter Jungs und Mädels. Das ist rein platonisch! Was habt ihr denn in dem Alter gemacht, frag ich mich!

Scheiße. Ach so. Rein platonisch ... Ja, in dem Alter haben wir überhaupt nichts rein platonisch gemacht. Aber auch wirklich gar nichts! Aber das braucht Maxi natürlich nicht zu wissen. Ob das wirklich rein platonisch ist? Oder verarscht der mich? Auf der anderen Seite, wenn so viele aus der Klasse da schlafen ... Die werden da ja wohl auch keinen Gruppensex machen. Ich geh zumindest mal davon aus.

Abends

Ich bespreche mich mit meinem Mann, der sofort auf Maxis Seite ist.

«Jetzt lass ihn halt. Wenn er da gerne hinmöchte. Die machen bestimmt keinen Scheiß! Komm schon, sei eine coole Mutter! Das ist wichtig für die Kinder in dem Alter. Welche ist die Jenny? Die hübsche Blonde? Na, die kommt doch aus gutem Hause. Da kenn ich die Eltern.»

«So, so. Auf einmal soll ich cool sein. Du freust dich doch bloß, dass er eine Freundin hat und nicht schwul wird!»

Er grinst von einer Backe zur anderen wie ein Honigkuchenpferd.

«Neiiiiiin. Was du wieder denkst.»

«Es wäre nicht schlimm, wenn er schwul wäre?»

«Neiiiinn ... Natürlich nicht», sagt mein Mann. «Lass ihn trotzdem da schlafen!»

«Boahhh, es geht aber ums PRINZIP!!»

Frühstück

Maxi hat also bei Jenny mitsamt der halben Klasse geschlafen. Ich habe darauf bestanden, ihn am nächsten Tag abzuholen. Seit 8 Uhr 15 treffen in 10-Minuten-Abständen panische SMS von Maxi ein: «Mama, kannst du mich um zehn an der Ecke UNTEN an der Straße abholen, das reicht!»

10 Minuten später:

«Mama, du weißt schon! Unten an der Ecke zur Bahnhofstraße!»

10 Minuten später:

«Okay?»

10 Minuten später:

«MOM! Jetzt antworte halt!»

10 Minuten später:

«Mama ... Kannst du BITTE beim Abholen um die Ecke parken? BITTE!»

So weit ist es jetzt schon! Ich muss beim Abholen um die Ecke parken! Hallo? Ist ja nicht so, dass ich da mit Lockenwicklern aufkreuze! Oder ihm vor seinen Freunden ein Küsschen auf den Mund gebe! Wieso bin ich dem so peinlich? Ich sag ja schon möglichst gar nichts, wenn seine Freunde am Start sind! Hab ich schon gemerkt, dass ALLES, was ich sage, ENDPEINLICH ist. Deswegen beschränke ich mich auf ein neutrales «Hallo» und «Auf Wiedersehen». Ich bin wirklich sehr bedacht darauf, ihn auf keinen Fall zu blamieren und in kein Fettnäpfchen zu steigen. Trotzdem muss ich beim Abholen um die Ecke parken. Unverschämtheit!

URLAUB MIT CHILLERN

Endlich Urlaub! Es geht für eine Woche nach Kroatien in einen Club. Ich freu mich wie Bolle! In dem Club kann man alles Mögliche machen. Man kann surfen lernen, einen Tauchkurs machen, man kann mit kostenlosen Leihrädern die Umgebung erkunden, es gibt Tennis, Squash, Golf, Minigolf und viele andere Aktivitäten. Als ich unseren kleinen Monstern die Vorzüge unseres diesjährigen Urlaubes und das Freizeitangebot erkläre, sehe ich sie ganz freudig-erwartungsvoll an: «Ist doch super, oder?»

«Ja, vollllll super ...», lautet der Kommentar meines weiblichen Jungtiers.

«Kann man da wenigstens angeln?», ist Maximilians Reaktion.

«Weiß ich nicht! Aber du kannst doch tausend andere Sachen machen! Das ist doch toll!»

Beide Kinder schauen mich mit hochgezogenen Augenbrauen an und werfen sich anschließend gegenseitig einen verschwörerischen Blick zu. Jetzt reicht's mir aber.

«Hey, ihr zwei kleinen Scheißer, ihr wisst schon, dass uns das circa 1000 Mücken kostet, dass wir euch mitnehmen, und dass die Alternative ist, dass ihr bei Opa und Oma bleibt und wir 1000 Euro sparen, die wir dann auf den Kopf hauen können, oder?! Also freut euch gefälligst!»

Uiiiiii, das mit Opa und Oma hat gesessen. Eifrig versichern mir beide, dass sie den Urlaub auch toll finden. Dass die zwei zusammen in einem Doppelbett schlafen müssen, verklickere ich ihnen lieber erst, wenn wir dort sind ...

Es geht also in der Früh los, und wir starten tatsächlich um 6 Uhr 30 mit nur einer halben Stunde Verspätung. Nach 10 Minuten Fahrt pennen unsere zwei Zwerge hinten im Auto. Nach 15 Minuten stehen wir im Stau.

«Ich hab doch gleich gesagt, dass wir früher losfahren müssen!», erregt sich mein Mann, und ich muss zugeben, angesichts der jetzigen Verkehrssituation hat er recht.

Wir kommen also nach zehnstündiger Fahrt (das Navi hatte fünf Stunden errechnet) in Kroatien an. Die Kinder sind eine halbe Stunde vor Ankunft wieder aufgewacht und wirken frisch und ausgeschlafen, während wir völlig gerädert sind.

Mein Mann und ich kümmern uns um die Formalitäten beim Check-in. Anschließend beziehen wir die Zimmer. Wir räumen unseren Koffer aus, lesen die Details zum Club und das Sport- und Aktivitätsangebot, überlegen, wo man strategisch günstig etwas einkaufen kann, duschen, ziehen uns um fürs Abendessen und machen uns zurecht. Bei den Kindern ist es verdächtig still. Zweieinhalb Stunden nach Ankunft schauen wir ins Zimmer unserer Brut. Die liegen beide schlafend auf dem Bett. Die Koffer und Taschen stehen alle noch geschlossen im Zimmer rum (die haben eine eigene Tasche nur für Ladekabel! Aber das hab ich meinem Mann nicht erzählt ...), die Kinder sind nicht umgezogen, geschweige denn geduscht.

«Haloooooooo! In fünf Minuten gibt's Essen! Und wir haben Sau-Hunger, weil wir nur gefrühstückt haben!» (Im Gegensatz zu den zweien, die sich vorher jeweils noch zwei Snickers reingezogen haben.)

«Ja, ich muss aber erst duschen und mir die Haare glätten!»

«Ich muss auch erst duschen und mir dann die Haare machen!»

Mein Mann wird echt sauer und sagt: «Ja, aber das dauert ja Stunden! Bis dahin gibt's nix mehr zu essen!»

Ich hab auch keinen Bock mehr. «Wir gehen jetzt essen. Ihr könnt ja nachkommen. Essen gibt's bis halb zehn – danach wird abgeräumt. Entweder ihr schafft das vorher oder halt nicht. Eure Entscheidung!»

Ich packe meinen Mann bei der Hand, und wir gehen zum Essen.

«Scheiß drauf! Ich hab Urlaub, und die verhungern schon nicht gleich», sage ich zu ihm.

«Sehr gut, Schatzi!», strahlt er mich an.

Ich glaube, der Urlaub wird gut.

Nächster Tag

Wir kommen gerade vom Frühstück, schauen kurz in das Zimmer der Kinder und stellen fest: Eines liegt regungslos im Bett, das andere duscht. Welches ist unklar.

Nach zwanzig Minuten – die Dusche läuft immer noch – schaue ich meinen Mann fragend an. Der lehnt sich zurück, verschränkt die Arme hinter dem Nacken und sagt: «Ist mir scheißegal – kostet hier alles das Gleiche!», und grinst. Und ich zeig ihm Daumen hoch. Wir sind hier entspannt! Jawohl!

Ein paar Abende später

Hannah und Maxi haben den ganzen Tag nur rumgehangen. Kein Sportprogramm wahrgenommen. Keine Aktivität mitgemacht. Im Gegensatz zu uns. Wir machen jeden Tag vormittags Sport, nachmittags genießen wir das Meer. Die Kinder liegen am Vormittag im Zimmer, am Nachmittag bequemen sie sich zwei Stunden zu uns an den Strand (aber nur in den Schatten). Alle Bemühungen, ihnen irgendeine Aktivität schmackhaft zu machen, scheitern kläglich. Das Einzige, was sich Maximilian vorstellen könnte, ist Paintball zu spielen. Das gibt's am Donnerstag, und wir sind schwer dagegen.

Nach drei Tagen wird mein Mann sauer und liest ihnen ein bisschen die Leviten zum Thema Dankbarkeit, diese Sportarten überhaupt ausüben zu dürfen, und den Unterschied zu unserer Kindheit, in der wir NIX hatten. Maxi ist die Belehrungen ein bisschen leid, deswegen erklärt er sich dazu bereit, mit meinem Mann am nächsten Tag Tennis zu spielen.

Mein Mann freut sich, ist sehr motiviert und sagt zu mir: «Ja, super! Vielleicht ist das ja genau sein Ding, dann können wir immer zusammen Tennis spielen und haben eine gemeinsame Basis. Wir könnten ein Vater-Sohn-Turnier mitspielen. Und wir sind dann ganz stolz auf ihn, wenn er das später profimäßig betreibt!»

Er hüpft dabei vor mir auf und ab und macht Freu-freu-freu-Geräusche.

Am nächsten Tag steht mein Mann in voller Tennismontur samt Schlägern und Bällen vor Maxis Zimmertür.

«Und? Können wir los?»

Der öffnet in Chillerhose und Flip-Flops.

«Jo.»

«Du musst dir aber andere Schuhe anziehen.»

«Hab keine anderen dabei, aber das geht auch so.»

«Wie? Du hast keine anderen Schuhe dabei?»

«Nope. Nur Flip-Flops. Aber in denen kann ich auch Tennis spielen.»

«Maxi, du kannst NICHT in Flip-Flops Tennis spielen! Außerdem ist morgen Galaabend! Da sollte man schon ordentlich angezogen sein. Du willst mir jetzt nicht ernsthaft sagen, dass du mit uns eine Woche in den Urlaub fährst und nur Flip-Flops dabeihast?»

Die Ader auf der Stirn meines Mannes bekommt ein kleines Eigenleben und pocht und pulsiert.

«Doch.»

Mein Mann nimmt die Tür, schaut Maxi an – und lässt sie vor ihm zufallen. Dann geht er an mir vorbei und sagt, er müsste mal kurz ans Meer gehen und auf den Horizont schauen – so etwa eineinhalb Stunden, dann ginge es VIELLEICHT wieder...

«Okay...»

Bescheuert! Bescheuert von mir, die Kinder allein packen zu lassen! Was zur Hölle hab ich mir dabei gedacht?

ALLES HALB SO WILD

Im Büro

Von: Hannah
Betreff: Muuuuuuuuuuuuuuuuuuuuuuuuuuuuuuuuuuuuuuuuuuuuuuhz

http://www.emp.de.bmdh.alles-oder–nichts-cd/ar239473/
http://www.emp.de.bled-from-urising-spring-cd/ar_757986
http://www.emp.de.the-horizont-is-full-of-blood-cd/art2p9837
MUUUUUUUUUUUUUUUUUUUUUUUUUUUUUUUUUUUU
UUUUUUUUUUUUUUUUUUUUUUUUUUUUUUUUUUUU
UUUUUUUUUUUUUUUUUUUUUUUUUUUUUUUUUUUU
UUUUUUUUUUUUUUUUUUUUUUUUUUUUUUUUUUUU
UUUHZ!!!
Weißt du noch, als du geheiratet hast und dir dein Brautkleid aussuchen musstest??
So in etwa (nur 95 000 mal schwerer) ist es, sich zwischen diesen drei Alben zu entscheiden!!! Und ich hab ja von der Oma noch 20 Euro bekommen und ich hab mir schon eeeeeeeeeewig nix mehr gekauft. Muhz!!! Schreib mir ne Email zurück dann bestell ich's auch selber.
Möge das Muhz mit dir sein!

Von: Mama
Betreff: Re: Muuuuuuuuuuuuuuuuuuuuuuuuuuuuuuuuuuuu
uuuuuuuuuuuuuuhz

Aber jetzt ist echt eine Zeitlang Ruhe!
Ich hab mir das Datum von heute aufgeschrieben, und jetzt will ich mal 4 Wochen nix hören!

Von: St. Michael Gymnasium
Betreff: Ihr Sohn Maximilian

Sehr geehrte Frau Denk,
in unserem letzten Gespräch habe ich Sie ja schon drauf hingewiesen, dass Maximilian das Klassenziel wahrscheinlich nicht erreichen wird. Leider ist die Befürchtung nun eingetroffen. Maximilian konnte sich leider in keinem der kritischen Fächer verbessern – er hat sich teilweise sogar noch verschlechtert, sodass das Notenbild keine Versetzung in die 8. Klasse in Betracht kommen lässt.
Ich wollte Ihnen dies vorab auf diesem Weg mitteilen.
Mit freundlichen Grüßen
Evelin Habersack
Klassenleitung 7b

Oh Mann ... Und er hatte mir doch so versprochen, dass er lernen und Gas geben würde. Was hab ich mit ihm geredet und ihm erklärt, wie wichtig das ist. Alles für die Katz! Jetzt bleibt er kleben. Das war wirklich nicht nötig. Der Maximilian ist so intelligent. Aber auch so faul! Mann, ist das schade. Das muss ich nachher irgendwie meinem Mann beibringen, der ist ja nicht so hundertprozentig im Bilde. Ich hab gedacht, was soll ich ihn kirre machen. Ich rede mit Maximilian, besorg die Nachhilfe, und dann klappt das schon. Das hab ich wirklich geglaubt!

Wenn ich zu ihm sag: «Maximilian, lern nachher noch Englisch-Vokabeln!», schaut er mich ganz ernst an und sagt «Ja!». Da hab ich halt auch immer gedacht, er macht das wirklich! Und wir sparen uns den Ärger, dass mein Mann sich furchtbar aufregt. Ihm jetzt so ganz ohne Vorwarnung sagen zu müssen, dass der Maximilian sitzenbleibt, wird schwierig. Shit!

Abendessen

Ich laufe rauf und hole Maximilian zum Essen. Klopf, klopf, klopf. «Kommst du essen?», frag ich, öffne die Türe und trete ein. Mich trifft augenblicklich der Schlag! Ich war seit zehn Tagen nicht in Maxis Zimmer. Da sieht's aus! Es ist einfach unglaublich. Die leeren Chipstüten liegen über den alten Socken, dazwischen Tetrapaks und ketchupverkrustete Teller, auf denen das getragene T-Shirt liegt. Überhaupt: Unmengen an Wäsche. Und: Pfandflaschen ohne Ende. Der Wert der Pfandflaschen hier übersteigt das Vermögen von Maxis Sparbuch um ein Vielfaches!

«Sag mal, SPINNST DU?! Hier sieht's ja aus! Und da liegen ja alle möglichen Hefte, Bücher und Blätter dazwischen! Wie willst du denn deine Sachen für die Schule finden? Du kannst doch so nicht wohnen! Maxi, ich bin entsetzt. Sag mal, SPINNST DU?!»

«Jetzt chill mal, Mom. Alles halb so wild!»

«Was? Halb so wild? Das ist doppelt so wild! Zehnmal so wild!»

«Jetzt mach mal nich so'n Wind!»

«Tsss... Doch, mach ich! Ich mach einen Mordswind! Ich, ich, ich...»

Mir fehlen die Worte. In einem energischen, aber sehr leisen Tonfall sag ich zu ihm: «Die Schule hat mir heute eine E-Mail geschrieben, dass du durchfällst, und zwar mit Pauken und Trompeten. Ich dachte, du lernst jetzt!»

Augenblicklich setzt er sich auf.

«Jaaaaa, ich weiß. Ich hab das irgendwie nicht mehr aufholen können...»

«Pssssst! Sei leise! Der Papa weiß nix davon! Was heißt aufholen? Du hast dich noch verschlechtert! Gar nichts hast du gemacht, als ich gesagt habe, du sollst lernen! Und die Nachhilfe! Hey, die kostet echt viel Geld! Die hat gar nichts gebracht! Gott, echt, Maximilian! Willst du mal Maurer werden und den ganzen Tag auf einer Baustelle arbeiten, oder was? Willst du das?»

«Neeeeee...»

«Dann ändere dich! Jetzt! Sofort!»

«Mach ich...»

«Ja, das hab ich jetzt schon so oft gehört, ich glaub dir kein Wort mehr!»

«Nee, mach ich jetzt wirklich...»

«Ich glaub dir einfach nicht mehr, wir reden wann anders weiter, aber vorerst sagst du nix zum Papa! Okay? Und räum dein Zimmer bis morgen auf!»

Später

Mein Mann und ich sitzen auf der Couch, schauen eine Restaurant-Tester-Serie an und lästern über den miesen Koch ab (Das könnte ich vieeeeeeel besser!).

«Schatzi, beim Maxi läuft's in der Schule grad nicht so prickelnd.»

«Wo hakt's denn?»

Oh, mein Gott, wo soll ich anfangen? Überall!

«Jaaaa, so Sprachen eigentlich am meisten.»

«Aber der hat doch die Nachhilfe!»

«Ja, aber das Gymnasium ist schon ziemlich schwer, weißt du, und mit seiner Legasthenie...»

«Mmmmh, was sollen wir machen?»

«Ich weiß auch nicht. Ich hab schon mit ihm darüber geredet, dass er nächstes Schuljahr echt mehr Gas geben muss, aber dieses Zeugnis wird, glaube ich, nicht so toll...»

«Na super! Er hat uns doch versprochen, dass er jetzt mehr lernt! Jetzt hält er sich wieder nicht dran! Der hat uns versprochen, dass die Noten besser werden! Mir reicht's jetzt langsam! Die ganze Nachhilfe bringt nichts und kostet einen Arsch voll Geld! Wir zahlen TAUSEND MARK Nachhilfe im Monat! TAUSEND MARK!»

«Ich weiß! Und rechne nicht immer in Mark!»

Uiuiuiui, der regt sich jetzt schon so auf und weiß noch nicht mal, dass Maximilian sitzenbleibt. Ich glaube, ich greife mal zur Salamitaktik und lass es jetzt gut sein.

Frühstück

Nutella-Toast-Periode. Ich komme in der Früh ein wenig zu spät runter, weil ich 15 Minuten verschlafen habe. Maximilian war also gezwungen, sich sein Frühstück selbst zu machen. Ein entsprechend schlechtes Gewissen hab ich. Ich renne schnellen Schrittes in die Küche und knöpfe mir die Bluse dabei zu, als ich zu folgender Szene komme: Maxi stochert mit dem Messer im Toaster rum, damit das Toastbrot gleichmäßiger bräunt.

«MAXI! SPINNST DU? DA KANNST DU EINEN STROMSCHLAG BEKOMMEN!»

Er schaut mich erschrocken an: «Wieso?»

«Wenn du mit dem Messer da rumstocherst, kriegst du einen Stromschlag!»

Er entspannt sich wieder, kommt auf mich zu, umarmt mich halb (mit 40 Zentimetern Sicherheitsabstand) und sagt ganz gutmütig zu mir: «Mama! Da bist du wieder überängstlich! So schlimm ist das nicht! Du übertreibst.»

??????????????????

«Sag mal, Maxi, geht's eigentlich noch? Ist jetzt der allerletzte Rest deines Gehirns im Urlaub, oder was?»

«Warum?»

Er tritt zwei Schritte weg von mir und schaut mich mit hochgezogenen Augenbrauen an (er ist leicht pikiert).

«Maxi! Hör zu: Im Toaster ist der Strom von der Steckdose, und das Messer leitet Strom, und dann leitet das Messer den Strom von der Steckdose durch den Toaster in den Maximilian, und dann ist das so, als ob du an der Steckdose nuckelst, und das ist für den Maximilian nicht gut. Habt ihr gar kein Physik gehabt?»

Maxi zuckt die Schultern und sagt: «Du übertreibst.»

Damit ist die Diskussion für ihn abgeschlossen. Ich kann nur den Kopf schütteln, mir fällt dazu nichts mehr ein.

Als Maximilian weg ist, gehe ich in sein Zimmer. Nichts aufgeräumt! Sieht so aus wie gestern! Sag mal ...? Hab ich mich gestern irgendwie unklar ausgedrückt? Der hat nichts aufgeräumt! Na ja, die Wäsche nehm ich jetzt mal mit und die Pfandflaschen auch. Aber den Rest muss er selber machen. Und den Müll heb ich noch schnell auf. Aber in Zukunft muss er das echt selber machen!

Ich glaube, beim Maximilian stimmt grad die Verdrahtung der Synapsen im Gehirn überhaupt nicht ...

Später

Es ist 22 Uhr, und mein Mann und ich kommen gerade aus dem Kino. Während wir eintreten, hören wir direkt das Wasser laufen. Wir ziehen uns die Mäntel und Schuhe aus, unterhalten uns mit Hannah, machen ein Fläschchen Rotwein auf. Ich hole die Gläser und spüle noch die Reste vom Abendessen der Kinder ab. Mein Mann geht derweil rauf und zieht sich um.

Hannah ist ziemlich erkältet, sie tut mir leid, und ich frage: «Magst du einen Tee?»

«Jaaaaa!»

«Und Popcorn dazu?»

«Jaaaaa!»

Und sie grinst und freut sich. Alles mit Zucker geht immer – da fühlt sie sich gleich besser. Ich mache also Tee und Popcorn («Hannaaaah! Karamell oder Buttergeschmack?» –

«Karameeeelll!») in der Mikrowelle in der Speisekammer. Auf einmal steht mein Mann neben mir. Ich sehe die Ader auf seiner Stirn pulsieren. Das Wasser läuft immer noch.

«Sag dem mal, der soll im Bett wichsen, aber nicht unter der Dusche!»

«WAS? Schatzi!»

Jetzt bin ich leicht irritiert.

«Der wichst doch unter der Dusche!»

«Pssssssssst! Sei leise! Wenn Hannah dich hört!»

«Ja, ist ja gut», sagt er mit gedämpfter Stimme. «Aber der wichst doch unter der Dusche! Warum sollte der sonst so lange duschen? Da gibt's keine andere Erklärung. Ich hab mir das überlegt. Er hat ja jetzt auch kurze Haare! Wie lange kann das dauern, die zu waschen? Das ist so. Der wichst da. Das kann der auch im Bett machen. Da ist es nicht so teuer. Sag ihm das mal!»

«Also, sag mal! Das sag ich sicher nicht zu ihm. Um Gottes willen! Auf gar keinen Fall sag ich das zu ihm. Und du auch nicht!»

«Ja, aber das ist sicher so!»

«JA! Aber du sagst nix vom Wichsen zu ihm! Und ich auch nicht! Wie peinlich ist das denn? Als Jugendlicher! Ich sag morgen zu ihm, wenn er das nächste Mal so lange duscht, muss er das Bad putzen. Okay? Das funktioniert sicher!»

«Ja, okay – wenn du meinst, das klappt...»

«Weiß ich auch nicht, ist halt ein Versuch. Aber du kannst doch nicht zu ihm sagen: So, aber heute holst dir in deinem Bett einen runter, nicht in der Dusche. Wie soll er denn da reagieren?»

Er zuckt mit den Schultern. «Das machen doch alle Männer. Was ist da dabei?»

«Ja, aber als Jugendlicher ... Wir nehmen meine Taktik. Okay?»

«Okay, wenn du meinst.»

Ja, mein ich.

Im Büro

Von: Mama
Betreff: Geburtstag

Hannah MUHZI!
Du weißt aber schon, dass Opa am Samstag Geburtstag hat, oder?
Macht euch mal Gedanken und besorgt heute noch was!
Diesmal überleg ich mir nicht wieder was für euch!
Ich weiß, dass es schwer ist, was für Opa zu finden, ich hab ja das gleiche Problem :-/
(Wieso sind deine Smileys lustiger als meine?)
Gemuhzt!

Von: Hannah
Betreff: Re: Geburtstag

Wegen Geschenk für Opa: Ich renn schon die ganze Zeit im Haus rum vor lauter Nachdenken. Weißt du, wo das Mäxchen ist?
(hab halt gemuhzte Smileys)

Von: Mama
Betreff: Re: Re: Geburtstag

Der hängt irgendwo rum. Die Rede war mal von Bahnhof (Begeisterung ...)
Er hat gesagt er kommt gegen fünf heim. Falls es später wird, ruft er an.
(Ich will auch gemuhzte Smileys!!)

Abends

Ich stehe in der Küche und bereite folgendes Abendessen zu:
  Wurstsalat (für meinen Mann)
  Salat mit Mozzarella (für mich)
  Rührei mit Toastbrot (für Hannah)
  Wiener mit Toastbrot (für Maximilian und seinen Kumpel Marco)

Während mein Sohnemann neben mir steht und seine Trinkflasche für die Schule auffüllt, unterhalten wir uns ein bisschen über seinen und meinen Tag. Ich bin 1 Meter 73 groß. Maximilian ist 15 und misst 1 Meter 85. Mir gefällt das gar nicht. Klar finde ich es toll, wenn ein Mann groß ist, aber ich finde es nicht toll, wenn mein Sohn in seinem Alter schon so viel größer ist als ich. Wenn er mit mir redet, muss er zu mir runterschauen ...

Mein Mann ist 1 Meter 83. Die zwei begegnen sich also noch auf Augenhöhe. Trotzdem ist Maximilian jetzt der Größte in unserer Herde. Und ich die Kleinste! Und wenn ich so darüber nachdenke, verleitet ihn das wahrscheinlich auch zu gewissen Höhenflügen. Liegt ja in der Natur der Sache.

«Maxi, räum dein Zimmer später auf! Klar?»

«Ja, mach ich.»

Marco spielt an seinem Handy rum. «Welches ist denn euer WLAN-Netz?»

Maxi blickt zu Boden, als ob er sich schämte. «Wir ham kein WLAN.»

Marco ist ehrlich erstaunt. «Warum?»

«Wegen meinem Dad – wegen der Strahlung und so.»

Hochgezogene Augenbrauen von Marco.

«Ja ... und wie kommt ihr dann ins Internet?»

«Wir haben da so ein Kabel ... das muss man an der Steckdose anschließen und am Laptop.»

Marco zieht die Augenbrauen noch höher.

«Ja ... und wie lang ist das Kabel???»

«Na ja, so anderthalb Meter ...»

Marco ist völlig entsetzt, schaut mich ungläubig an, schüttelt ehrlich schockiert den Kopf und klopft Maxi tröstend auf den Rücken. Während sie raufgehen, raunt er ihm zu: «Gott, is ja wie in der Steinzeit!»

«Ich weiß ...»

Frühstück

Milchschnitte-Phase (natürlich beide).

«Möchte eigentlich irgendjemand mal wieder ein Pausenbrot?»

Die Kinder schauen mich mit einem Das-ist-jetzt-nicht-dein-Ernst-Blick an.

«Ja, hätt ja sein können, dass mal jemand was gesundes essen möchte in der Schule.»

Die Kinder verstärken den Blick.

«Ich mag eins!», sagt mein Mann.

«Nix da. Bei dir reicht Frühstück und Mittagessen.»

Er macht «Mrrrhar» und lässt seine Ohren ein bisschen hängen. Die Kinder schütteln amüsiert den Kopf und essen weiter.

«Maxi, hast du dein Zimmer aufgeräumt?»

«Ja.»

Sobald alle außer Haus sind, renne ich rauf und schaue in Maxis Zimmer. Es ist alles so wie vorher. Nur die Wäsche wurde vom Boden aufgehoben und in den Wäschekorb gesteckt. Boah, ALTER!!!!

Später

«Du, ich muss mit dir was bereden.»

Wir sitzen alleine auf der Couch und sehen einen Politik-Talk an. Mein Mann macht ein bisschen leiser.

«Um was geht's denn?»

«Du darfst dich aber nicht allzu sehr aufregen! Okay? Versprochen?», sage ich behutsam.

«Du willst mir jetzt vorsichtig erklären, dass der Max sitzenbleibt?» Mein Mann sieht mich nachsichtig an. «Hör mal, Schatzi, ich bin ja nicht bescheuert. Ich bekomme hier zwar nicht alles mit, aber doch mehr, als du denkst. Das ist mir schon seit einem Monat klar, dass der mit den Noten unmöglich die Klasse schaffen kann.»

«Ach so ...»

Ich habe wirklich gedacht, dass er das nicht mitbekommt.

«Dann bleibt er halt ein Jahr länger in der Schule. Mir doch egal. Er muss das ja selber ausbaden. Mach dich deswegen nicht kirre.»

Mit diesen Worten stellt er den Fernseher wieder lauter. Seit wann ist der denn bitte so gechillt?

HOFFENTLICH IST JETZT KEINE SCHWANGER!

Im Büro

Von: Mama
Betreff: Termin

Hallo du wurmiges Würmchen!
Opa Günther und Oma Ilse brauchen dich heute, um Ihren PC zu richten. Du müsstest da heute anrufen und einen Termin machen! ☺ ☺ ☺
Ist doch schön, wenn du Opa und Oma noch was beibringen kannst!!! He, he, he!

Von: Hannah
Betreff: Re: Termin

Stell dir ein Smiley vor, das sich eine Pistole an den Kopf hält und abdrückt. «Puff!»

Von: Mama
Betreff: Re: Re: Termin

Hey! In den Ferien schon wach vor zehn! RESPEKT! ☺

Ich gebe ja zu, dass das wirklich eine miese Aufgabe ist. Opa Günther und Oma Ilse sind beide über 85. Und mein

Schwiegervater hat sich im stolzen Alter von 82 Jahren noch einen Laptop gekauft, obwohl er in seinem Leben vorher nie einen Computer besessen hat. Ich fand das wirklich toll von ihm, und er ist auch so ein Netter, aber ... Na ja, sagen wir mal so: In dem Alter wird das einfach nix mehr.

Er möchte auf dem Computer seine Bilder verwalten. Also von der Kamera runter und in den Ordner mit den verschiedenen Unterverzeichnissen rein. Und wenn man es mit ihm übt, klappt's auch. Aber einen Tag später hat er es schon wieder vergessen. Und dann sind die Fotos überall! Bei Dokumente, bei Musik, in der Systemsteuerung und 22 Kopien auf dem Desktop. Und wenn man dann etwas löschen will, weil es ja nicht notwendig ist, dass man 22 Kopien hat, wird er ganz panisch: «Was ist das? Was willst du da löschen?» Und man muss sich jedes Mal rechtfertigen, weil er sehr große Angst hat, dass etwas verlorengeht. So ein Bild ist natürlich auch einmalig. Man kann es ja, in der Form, kein zweites Mal machen. Und alte Menschen sind immer ganz besorgt, dass etwas Altes verlorengeht, das man nicht mehr ersetzen kann. Eine Erinnerung halt!

Dazu kommt, dass Oma Ilse das auch verstehen will. Die sitzt dann dabei und fragt: «Und wo hast du das jetzt hinkopiert?»

«In den Bilder-Ordner mit dem Titel 2013!»

«WOHIN?»

Oma Ilse hört nicht mehr so gut, aber sie sagt, vom Hörgerät bekomme sie Kopfweh, deswegen benutzt sie es nicht.

«IN DEN JAHRESORDNER 2013!»

«Und wo war's vorher?»

«In der Systemsteuerung.»

«WO?»

«IN DER SYSTEMSTEUERUNG!»
«Und da kann's nicht bleiben?»
«NEIN!»

So ist das ja alles ganz süß. Das Problem ist nur: Eine PC-Sitzung bei Opa Günther und Oma Ilse dauert locker mal den ganzen Nachmittag! Und heute Nachmittag ist meine kleine Motz-Hannah dran, und ich fühle ein ganz kleines bisschen Schadenfreude.

Abends

Ich koche folgende Essen:
   Toast Hawaii für meinen Mann
   Salat mit Pute für mich
   Tomatensuppe mit Toastbrot für Hannah
   Suppe mit Fleischklößchen und Toastbrot für Maxi

Hannah erzählt uns von ihrem neuen Hobby: Geocashing. Jemand versteckt einen Schatz (Cash) in einer Dose. Irgendwo. Und es gibt verschiedene Hinweise, um den Cash zu finden. Wenn man die Dose (Cash) gefunden hat, kann man entweder:

1. Was rausnehmen (Gummibärchen, Stein, Murmel, Feder usw.).
2. Was dazulegen.
3. Nix machen – dann ging's nur ums Prinzip (und das tut's eigentlich immer).

Man kann auch einen eigenen sogenannten Travel Bug in einem Cash deponieren, zum Beispiel am Hauptbahnhof, und sagen: Mein Travel Bug mit der Nummer XY, deponiert in München am Hauptbahnhof an folgendem «Briefkasten», soll nach Amerika/L. A. reisen. Und wenn dann jemand in die Richtung reist, liest er das vorher im Internet, holt den Travel Bug in dem Briefkasten ab und nimmt ihn schon mal mit nach beispielsweise New York. Dort wird der Travel Bug wieder in einem Briefkasten geparkt, bis ein anderer kommt und ihn weiter in die Zielrichtung mitnimmt.

Die Leute, die den Bug mitnehmen, schreiben Kommentare zu sich und ihrer Reise und laden Fotos auf die eigene Internetseite des Travel Bugs. Klingt wirklich nach einer netten Sache und interessant, auch wenn ich's nicht ganz verstehe.

Hannah erzählt und erklärt uns den komplizierten Sachverhalt und wie aufregend das ist. Und dass da Leute auf der ganzen Welt mitmachen usw. Mein Mann hört eine ganze Zeit zu und sagt dann: «Ist praktisch wie Flaschenpost, oder?»

«Nein! Das ist ganz anders! Papa, das ist mir jetzt echt zu anstrengend! Google das mal.»

Räumt ihr Zeug in die Spülmaschine und geht.

Mein Mann sagt: «Ich mach das! Ich google das!»

«Ja, gut! Und dann erklärst du's mir, ja, Schatz?»

Frühstück

Aktuelle Frühstücksessen-Periode: Aufback-Semmel mit Honig. Beide Kinder sitzen da und schmieren akkurat ihre Semmeln. Ganz akkurat! Butter in einer komplett gleichmäßigen Schicht in alle Ecken der Semmel, sodass ein ebenmäßiger Abstand von 2 Millimeter zum Semmelrand entsteht. Der Honig wird ebenfalls in einer ganz gleichmäßigen

Schicht mit 1,5 Millimeter Abstand zum Butterrand aufgetragen. Dann, und erst dann, kann die Semmel gegessen werden.

Mir wäre es unmöglich, das Frühstück für die Brut akzeptabel zuzubereiten. Selbst wenn ich mich bemühen würde. Wenn die Kinder bloß IRGENDETWAS anderes in ihrem Leben mit der gleichen Konsequenz wie ihre Frühstückssemmel machen würden – die wären MEGA erfolgreich! Aber leider beschränkt sich ihr Engagement derzeit aufs Frühstück.

«Mama! Kann der Marco morgen hier schlafen?»

«Ja okay, meinetwegen.»

«Danke, Mothership!»

«Hör mal, Maxi! Was war denn mit dem Zimmer? Ich dachte, du hast aufgeräumt?»

«Hab ich!»

«Wo?»

«Ich hab die ganze Wäsche aufgeräumt!»

«Ja, und der Rest?»

«Der ist nicht so schlimm!»

«Doch!»

«Chill mal.»

Abends

Pizza für alle. Ha! Supereinfach! Ein Hefeteig, ein Blech, viermal unterschiedlich belegt:

Quattro Formaggi (Hannah)

Italia – Parmaschinken, Rucola, Parmesan (mein Göttergatte)

Salami (Maximilian)
Di Mare (für mich)

«Kann die Jenny morgen auch noch hier schlafen?», fragt Maxi.

«Mmmmmhrmmm...»

Mein Mann grinst wieder von einem Ohr zum anderen, und ich würde ihm am liebsten gegens Schienbein treten...

«Ein Mädchen? Du bist fünfzehneinhalb!!»

«Boah, Mama, sag mal, geht's noch? Ist da bei euch immer was gelaufen, oder was? Bei uns ist das rein platonisch! Ich bin nicht mit der zusammen oder so was! Das ist rein freundschaftlich!»

«Siehst du!», sagt mein Mann.

Jetzt halt du dich mal raus! ER IST EH NICHT SCHWUL, OKAY?!, denke ich, sage aber nichts, sondern schau meinen Mann nur böse an.

«Aber Maxi, was sagen denn die Eltern von dem Mädel?»

«Hey, da hat das letzte Mal die Hälfte unserer Klasse geschlafen. Jungs und Mädels! Das ist voll gechillt. Ich weiß ja nicht, was ihr damals gemacht habt, aber bei uns ist das rein platonisch!»

«Ja, okay... wenn das wirklich so ist. Kann ich die Eltern von der anrufen und das abklären?»

«Logo!»

«Und da passiert wirklich nichts?»

«Nee, Mama, wir machen da einen flotten Dreier...»

«Hahaha...»

Witzig – ich lach mich tot.

Frühstück

Nachdem alle gefrühstückt haben, ich die Küche aufgeräumt, die Spülmaschine und die Waschmaschine angestellt und schnell die Pfandflaschen ins Auto getragen habe, um sie vor der Arbeit noch wegzufahren, husche ich kurz in Maxis Zimmer. Und diesmal trifft mich wirklich der Schlag! Das Zimmer ist PERFEKT aufgeräumt. Die Wäsche ist komplett weg, der Müll aufgehoben und der Mülleimer entleert. Alle Schulunterlagen sind im Schreibtisch verstaut. Kein Brösel liegt rum. Das ganze Kleingeld, das sonst ÜBERALL im Zimmer rumliegt und mich wahnsinnig macht, ist weg. Alle Poster sind abgehangen – auch das Zertifikat seiner Fischerprüfung. Das Buchregal (das sowieso nie überfüllt war) wurde ausgeräumt, sodass jetzt nur noch der Duden und ein Bildband über Schlangen drinstehen. Den freien Platz nehmen seine PS3-Spiele ein, die ordentlich aufgereiht wurden. Er hat den Boden gesaugt und gewischt, sogar UNTER dem Bett! Ja, er hat rund um den Fernseher und die PS3 Staub gewischt! Ich traue meinen Augen nicht! So sauber war's hier noch nie! Nicht mal, wenn ich sauber gemacht hab! WIESO?

Ach so ... weil seine Chica und der Kumpel heute Nacht hier schlafen! Das war ihm peinlich, dass es hier so aussieht!

Jetzt könnte man die Situation auf zwei verschiedene Arten sehen:

1. Man könnte sich freuen, dass anscheinend doch irgendwas von der Erziehung hängen geblieben ist, wenn ihm die Unordnung peinlich ist, wenn Besuch kommt.
2. Man könnte sich voll verarscht vorkommen, weil man sich zwei Jahre lang den Mund fusselig geredet hat und

das maximale Ergebnis das Aufheben der Wäsche war, während er die ganze Zeit das Zimmer hätte perfekt aufräumen und putzen können, wenn er denn gewollt hätte. Hat er aber nicht. Erst jetzt, wo die Kumpels kommen. Meine tagtäglichen Appelle waren ihm einfach scheißegal!

Gott, mir geht das alles so auf den Keks! Ich nehme einfach 1. (Das Glas ist halb voll...)

Abends

Es läutet: Marco und Jenny sind da. Außerdem ein scheu dreinblickendes Mädel namens Manuela.

«Kann die Manu hier auch noch pennen?»

«Ja... Ist das okay für deine Eltern?»

Das Mädel schaut nach rechts und links und sagt: «Jaaaaa.»

«Okay...» (Glaub ich nicht.)

Aber jetzt ist sie schon mal da, und es ist acht Uhr, und ich will sie nicht rausschmeißen. Außerdem ist ja anscheinend alles freundschaftlich! Und ehrlich gesagt, glaub ich jetzt auch nicht, dass die da oben zu viert voreinander rumvögeln. Also bleib ich voll gechillt.

Ich bereite neben den bereits bezogenen zwei Gästebetten und Kissen ein drittes vor, samt zwei Bettlaken (eins für das Chica-Bett und eins für die ausziehbare Couch), und möchte in der Küche grade etwas Cooles zum Essen machen für die Kids. Da kommt Maxi nach fünf Minuten runter und erklärt mir, dass sie bei der Pizzeria um die Ecke eine Party-Pizza bestellt haben. Ich soll also bitte nichts machen.

«Ach so …», sag ich und bin leicht enttäuscht. Ich hatte schon alle Zutaten eingekauft, damit wir zusammen Hamburger machen können.

«Wir könnten aber Hamburger machen!»

«Nö, lass mal. Und wir würden die Pizza auch gerne oben essen.»

«Ach so … Soll ich euch später Popcorn machen?»

«Nee, lass mal.»

«Maxi, komm! Wir holen die Pizza nachher zusammen schnell mit dem Auto, dann ist die noch warm!»

«Nee, lass mal. Das machen wir schon!»

«Ach so …»

Ich bin also völlig raus. Darf nix machen. Oh Mann! Ich hasse das! Ich würde mich gerne engagieren und alles ganz toll machen, damit seine Freunde sagen können: Du hast ja eine coole Mutter, das mit den Hamburgern und dem Popcorn war voll geil! So in etwa. Aber ich bin nur peinlich, und Maxi wäre es am liebsten, ich würde mich in Luft auflösen.

Die vier gehen also nach zehn Minuten kichernd los und holen die Party-Pizza und essen sie auf dem Weg schon halb auf, nehmen den Rest mit rauf (ohne Teller, Besteck oder Servietten) und bleiben den gesamten Abend oben.

Mein Mann und ich trauen uns auch nicht, da mal reinzuschauen, weil das wäre wahrscheinlich ENDPEINLICH! (Eigentlich nicht wahrscheinlich, sondern garantiert.) Die vier sind also relativ ruhig da oben, und um zehn sind wir so müde, dass wir es auch gechillt finden. Könnte ja auch Mordstheater und Musik von da oben zu hören sein. (Bei uns war das so!)

Am nächsten Tag schleiche ich in der Früh leise in Richtung Maxis Zimmer, um heimlich an der Tür zu lauschen.

Auf der kleinen Couch im Gang zu seinem Zimmer liegen noch zwei der drei bezogenen Betten und Kissen!
??????????????????????

Die schlafen da zu viert! Mit zwei Bettdecken! Und zwei Kissen! Und ich glaub nicht, dass die zwei Jungs sich brav eine Bettdecke teilen! Scheiße. Ich bin wirklich viel zu gutgläubig. Ich check ja gar nix! Oh Mann, hoffentlich ist jetzt keine schwanger!

Später am Frühstückstisch schildere ich meinem Mann die Situation. Der wird während des Gesprächs immer blasser und ernster.

«Macht einem schon Sorgen, die Situation, oder, Schatz?», ende ich meinen Bericht.

«Ja, find ich auch. Meinst du, der hat da neben dem Marco geschlafen und ist doch schwul?»

«BOAH, jetzt hör doch mal mit dem SCHEISS auf! Darum geht's nicht! DER IST NICHT SCHWUL, OKAY?! NICHT SCHWUL! DAS GEGENTEIL!»

«Ja, dann passt's ja!»

«NEIN!!!»

Später

Die Freunde sind verabschiedet und auf dem Weg nach Hause. Ich nehme Maxi zur Seite.

«Hör mal, was war das denn? Von wegen platonisch! Mit zwei Bettdecken?»

«Und? Mama! Das ist platonisch! Man kann doch trotzdem zusammen unter einer Decke schlafen!»

«Ja, klaaaar…»

«NEIN! Das ist WIRKLICH so! Das ist rein platonisch! Ich bin nicht mit der zusammen.»

«In deinem Alter schläft man doch nicht mit einer platonischen Freundin zusammen unter einer Bettdecke! Das geht doch gar nicht!»

«Doch! Da ist nix! Was ihr immer denkt. Das ist ja voll erschreckend, dass ihr euch gar nicht vorstellen könnt, dass so was auch platonisch sein kann!»

«Ja, in dem Alter! Klar...»

«Es ist so! Ob du's glaubst oder nicht!»

«Und was war mit der Manuela? Das haben die Eltern doch nicht gewusst, dass die hier pennt, oder? So wie die reagiert hat!»

«Ja, nee... das stimmt schon. Die dachten, die schläft bei der Jenny.»

«Rufen die da nicht an und reden mit den anderen Eltern?»

«Nö, nicht so!»

«Gott, bitte! Ihr habt keinen Scheiß gemacht, gell?!»

«Boah, Mama, das nervt echt so dermaßen! Ich glaube, die Diskussion bringt nichts! Ich möchte das jetzt beenden.»

Spricht's, dreht sich um und geht. Und lässt mich stehen! So sieht's aus. Meinem Sohn ist die Diskussion mit mir zu blöd. Da schlafen zwei minderjährige Mädels mit zwei minderjährigen Jungs zusammen in einem Bett, bei einem Mädchen wissen nicht mal die Eltern Bescheid, und das alles unter UNSEREM DACH, und mein Sohn bricht die Diskussion darüber ab. Er hat das Gefühl, das bringt nichts – aus Uneinsichtigkeit meinerseits. Mir fehlen echt die Worte! Ich steh da wie der Depp! Was zur Hölle bildet sich der kleine Scheißer ein?

HANNAHS WELT

Abendessen

Heute gibt's:

Reste von Spaghetti bolognese für Maxi.

Wurstsalat für meinen Mann.

Käsenudeln für Hannah (hatte Nachmittagsunterricht und akzeptiert kein Mensa-Essen).

Forellenfilet mit Gurkensalat für mich.

Hannah ist mal wieder genervt.

«Morgen müssen wir an die Uni nach Augsburg fahren. Boah, das ist so ein Scheiß. Das ist voll fürn Arsch! Keiner von uns will da studieren! Aber wir müssen da jetzt hinfahren! Das ist wieder so typisch. Das ist immer sinnlos, was die Lehrer machen. Das bringt NULL, dass wir das anschauen! Keinem von uns.»

«Ja, aber Hannah. Dann seht ihr halt mal, wie's an der Uni ist. Das ist doch nicht schlecht.»

«Nein! Du VERSTEHST das nicht! Wir haben ja eh in den Herbstferien die Möglichkeit, nach München zu fahren und DA die Uni anzuschauen! Und da wollen die meisten ja auch hin! Kein Mensch von uns will nach Augsburg, aber Hauptsache, wir opfern jetzt einen ganzen Tag, um da hinzufahren. Das ist mal wieder so sinnlos, und es ist so ein Scheiß. Die Lehrer haben keine Ahnung und...»

Und so geht es noch zwanzig Minuten. Ich glaub, ich kann's echt nicht mehr hören! Immer ist alles scheiße und schlecht, und Hannah regt sich über alles und jeden auf, ist aber selbst im Moment die Oberegomanin und kann sich null komma null in jemand anderes reinversetzen. Es gibt in Hannahs Welt genau zwei Meinungen: ihre und eine falsche Meinung. Nix dazwischen. Entweder man sieht es wie Hannah, oder man sieht es falsch. Mein Mann hat schon vor 19 Minuten aufgehört zuzuhören. Recht hat er!

Mit Maxi weiß ich grad gar nicht, was ich reden soll.

«Wie war's in der Schule?»

«Gut. Wie war's bei dir?»

«Ja, passt. Habt ihr was geschrieben oder zurückbekommen?»

«Nö.»

Super Gespräch. Sie hält einen Monolog, und er bekommt kein Wort raus. Als die beiden weg sind, sage ich zu meinem Mann: «Du! Ich hab mir gedacht, ich schenk dem Maxi Kondome!»

Hochgezogene Augenbrauen.

«Ja, wenn der da jetzt Mädels am Start hat! Muss ja nicht sein, dass da eine schwanger wird! Und das ist den Jungs in dem Alter doch voll peinlich, zur Drogerie zu gehen, wo die alte Schachtel an der Kasse sitzt, um dort Kondome zu kaufen!»

«Es ist noch viel peinlicher, wenn einem die Mutter die Kondome gibt!»

«Gaaaar nicht! Wieso?»

«Schatzi, mach das nicht!»

«Wieso? Ich sag ja nicht viel dazu! Ich geb's ihm einfach!»

Er schüttelt den Kopf und grinst. «Glaub mir – das wird nichts!»

Glaub ich NICHT!

Ich gehe also später rauf in Maxis Zimmer, klopfe an und

sage ganz lässig: «Hab mir gedacht, es schadet ja nicht, wenn du so was mal dahast!»

Maximilian wird rot, springt auf und sagt: «Mama, nimm die sofort wieder mit!»

«Wieso? Das ist doch ...»

«Mama, das ist mein Ernst! Nimm die sofort wieder mit! Ich lass mir doch von meiner Mutter keine Kondome schenken! Das ist ja voll krank! Wenn ich so was brauche, dann kauf ich's schon selber. Keine Sorge! Aber DU schenkst mir als MEINE MUTTER keine Kondome!»

«Okaaaayy ... Hab's ja nur gut gemeint.»

«MIR EGAL, ob das gut gemeint war!»

«Is ja gut ...»

Mann, hat der vehement reagiert. Ich gehe wieder runter. Mein Mann sitzt auf der Couch und grinst. Mist! Woher wusste der das?

Im Büro

Von: Maximilian
Betreff: Minibar

Heil Muttertier!!:)
Muuuuz die Hannah darf doch andauernd auf Konzerte und so ... und jetzt wollte ich Dich überreden ob ich eine kleine Minibar haben darf ... (der Külschrank ist echt zu laut, da kann ja kein mensch schlafen)
http://www.amazon.de/Rosenstein-S%/C3/Minibar/BChlschrand-230V-kühl-funktion/dp/B07097LHIH-keywords-mink/987608_9_%/Kue_lschrank

Bitte denk gut drüber nach ... das is der Traum jedes 15-jährigen: eine Minibar im Zimmer. Will die wirkliche unbedingt ... hab das ganze Wochenende Minibars und Kühlboxen verglichen. Die is super und aus Amazon!!!;)
Ich weis nicht was die im Jahr Strom braucht aber viele Minbars brauchen wenig Strom (stand oft in den Bewertungen) egal was die im Jahr Strom braucht, ich zahl euch das doppelte! Lies, wenn du Zweifel hast auch die Kundenbewertungen
Das Geld bekommst du natürlich auch ... aber bitte erlaub mir eine Minibar!!:(
Sei ein cooles muhz! Ich frag auch ganz lange nach nichts mehr!!!
Viele hoffnungsvolle grüße
Das Maxi

Von: Mama
Betreff: Re: Minibar

Hi Maxi!
1. Beginne NIE WIEDER eine E-Mail mit den Worten Heil Muttertier! Wir sind hier nicht bei den Nazis! So was sagt man nicht! Da kannst du richtig Ärger bekommen, wenn du so was zu dem Verkehrten sagst! Hast du denn gar kein Hirn? Hast du überhaupt nicht den Ernst der deutschen Geschichte mitbekommen??
2. Muss ich erst mal mit Papa reden. Du kannst dir ja denken, dass der nicht begeistert ist, oder? Ich weiß nicht, wie ich dem das erklären soll. Ich denke drüber nach. Wahrscheinlich wird's eher nichts.

Ich gebe dir zeitnah Bescheid. Frage NICHT 27-mal nach!!!
Gemuhzt seist Du!

Von: Maximilian
Betreff: Re: Re: Minibar

Zu 1: Das war halt ironisch gemeint ...
Zu 2: Biiiiiitteeee!

Von: Mama
Betreff: Re: Re: Re: Minibar

Maximilian, es gibt Themen, da gibt's keine Ironie!
So was weiß man doch!

Von: Hannah
Betreff: Muhzmuhzmuhzmuhzmuhzmuhzmuhzmuhzmuhzm
uhzmuhzmuhz

Hi du muhziges Muhz!
I need new books!
Kannst gleich mehrere bestellen? Sonst muss ich dir inner Woche schon wieder ne Email schreiben!
http://amazon.de/Personal-Paradise-melanie-schoba/dp/9324/ref/sr_1_die=UFTER=239487&/=keywords=personal+parakdise
http://www.amazon.de/Personal-paradise-misery/dp09878698//ref=23984_897jhiu=9384739%89hodr=keywords-peronsl+paradis
http://amazon.de/Personal-paradis_assassin/dp/923847943/ref=sdsfd_2_4=eie087%987&=98703624=-personal+paradis

http://amazon.de/Vinland-saga-Band-Makot_Yukimalra/
dp/93847/ref098=ldkjf76_7TIEIJ%dko/0297343940=key-
words=vinland-saga
Thank you!!!

Von: Mama
Betreff: Re: Muhzmuhzmuhzmuhzmuhzmuhzmuhzmuhzmuh
zmuhzmuhzmuhzmuhz

Wer zahlt das???
????????????

Samstag, 17 Uhr

Hab gerade Maximilian aus dem Bett geschmissen und seine Bettdecke versteckt. Jetzt stehe ich in der Küche und backe Käsekuchen. Hannah sitzt auf der Küchenzeile und leckt die Rührer ab.

«Mom, kann ich morgen nach München auf die Manga-Messe? Ich würd mit der Kathi mit dem Zug um drei reinfahren.»

«Ja, kannst du schon machen. Da gibt's tatsächlich eine eigene Messe für?»

«JA, und das wird total super. Da kommen dann die Leute mit ganz vielen verschiedenen Kostümen, und die haben dort Haarfarben, das kannst du dir nicht vorstellen. Und dann gibt's verschiedene Themenbereiche und...»

Während Hannah redet und redet, kommt Maxi runter und klagt über Halsweh – er bräuchte bitte Hustensaft.

«Links unterm Ofen.»

«... und von dem YouTube-Account, den ich habe, kommen die Darsteller, und wir hoffen, dass wir ein Autogramm bekommen...»

Während Hannah immer noch redet und redet, beobachte ich Maximilian dabei, wie er versucht, die Hustensaft-Flasche zu öffnen.

Er dreht. – Nichts.

Er dreht fester. – Geht nicht.

Er dreht Vollgas, sodass sich die Adern auf seinem Arm abzeichnen. – Nichts.

Er steht resigniert vor der Flasche.

Nimmt die Flasche, dreht sie um, schaut sie an, schüttelt sie und versucht noch mal, mit aller Gewalt sie aufzudrehen.

Er stellt die Flasche wieder resigniert vor sich ab.

«Das gibt's doch nicht! Ich krieg die nicht auf!»

«Dreeeehen und dabei drüüücken.»

Er dreht und drückt, die Flasche geht auf.

«Ah so!»

Mein Sohnemann ist 1 Meter 85 groß und hat Schuhgröße 46, scheitert aber an der Kindersicherung einer Hustensaft-Flasche...

Ich backe den Kuchen fertig, und die Kinder warten wie kleine Welpen drauf, dass er endlich so weit abgekühlt ist, dass man ihn anschneiden kann. Jeder bekommt also ein After-Abendessen-Stück.

Das Telefon läutet, mein Mann geht ran: «Hallo?»

«Hallo, hier ist die Lara. Ist der Maxi da?»

«Ja! Moment. Maxi! Telefon!»

«Wer ist es?»

«Ein Mädel!», sagt mein Mann mit Daumen hoch und grinst dabei wie ein Honigkuchenpferd.

Frühstück

Der Kuchen ist weg. Also, bis auf ein schief angeschnittenes Stück, von dem jemand aber vorne schon die Spitze gegessen hat. ????????????????? Wo ist der hin? Gestern Abend waren noch neun Stück da! (Eins hab ich in weiser Voraussicht für Opa Günther versteckt.)

«Maxi! Wo ist denn der Kuchen hin?»

«Ja, ich hatte gestern noch Hunger!»

«Wie viel Stücke hast du denn gegessen??»

«Joaaaah. So vier vielleicht ... Ich bin in der Nacht aufgewacht und hatte Hunger!»

«Ja, aber VIER Stück?!»

«Ich hatte Hunger!»

«Maximilian, du kannst doch nachts keine vier Stück Kuchen essen! Und wo ist der Rest?»

«Morgen!»

«Morgen, Hannah! Weißt du was über den Kuchen?»

«Ich hatte um elf noch Hunger und hab noch ein bisschen was gegessen.»

«Wie viel denn?»

«So zwei kleine Stückchen.»

«Hannah, du kannst doch abends um elf keine zwei Stück Kuchen essen!»

«Der war saugut!»

«Dann fehlen aber immer noch zwei Stück!»

«Mrhrrh.» Ein leises Räuspern aus der Ecke. «Es könnte

sein, dass ich das gewesen bin ... Du bist auf der Couch eingeschlafen, und dann musste ich mich mit Kuchen trösten! Es ist quasi deine Schuld!», schlussfolgert mein Mann.

Wenn ich im Büro erzähle, dass bei uns ein Kuchen ÜBER NACHT gegessen wird – die denken doch, ich übertreibe völlig.

WEGEN JEDEM SCHEISS EINEN VERWEIS

Im Büro

Von: Maximilian
Betreff: Ice Crusher

Hi Mom!
Ich hab da einen voll coolen Ice Crusher gesehen.
Kannst du den bitte bestellen?
www.http://home-shop/9878-9/Ice-cubes_223-//Ice-crusher/silber—87632//dd/34
Das wär voll cool. Dann könnte ich uns abends immer Cocktails machen!!
Dankeööööööööööö!

Von: Mama
Betreff: Re: Ice Crusher

Kann ich bestellen. Aber nur, wenn du mir die Kohle gibst!
UND HEUTE KEIN KREDIT!

Von: Hannah
Betreff: Haarfarbe

Hi Mom!
Würde mir gerne die Haare lila färben.

www.http//Hair-shop//987/colours/675—sdi76-/pink-aubergine-llight//097-Shop//9
Bestell gleich 3 Packungen.
Bei zwei wird's immer knapp weil ich so dicke Haare hab.
Thanks

Von: Mama
Betreff: Re: Haarfarbe

Kann ich bestellen. Aber nur, wenn du mir die Kohle gibst!
UND HEUTE KEIN KREDIT!

Von: St. Michael Gymnasium
Betreff: Verweis

Sehr geehrte Frau Denk,
leider musste ich heute Ihrem Sohn Maximilian aufgrund massiven Störens des Unterrichtes einen Verweis erteilen. Diesen bekommen Sie in den nächsten Tagen per Post zugestellt. Bitte geben Sie Maximilian diesen unterschrieben wieder mit zurück in die Schule. Die Kopie ist für Ihre Unterlagen gedacht.
Mit freundlichen Grüßen
Kerstin Rebling
Klassenleitung 7a

Abendessen

Ich komme von der Arbeit nach Hause, und bereits als ich aus dem Auto aussteige, höre ich Musik aus unserem Haus dröhnen. Während ich die Wasserkästen reinschleppe, die ich auf dem Heimweg besorgt habe, sehe ich meine Tochter auf der Couch sitzen, um sich herum allerlei Papiere und Bücher ausgebreitet. Die Musik läuft in voller Lautstärke.
«HANNAH! WAS MACHST DU DA?», rufe ich ihr zu.
«ICH LERNE!», ruft sie zurück.
«BEI DEM LÄRM?»
«JA, DA KANN ICH MICH BESSER KONZENTRIEREN!»
????????????
Das muss ich jetzt nicht verstehen, oder?
«WIE SIEHT DENN DIE KÜCHE AUS? HAST DU DIR WAS GEKOCHT?»
«MACH ICH NAAAAACHHER WEG.»
Während ich kurz Atemübungen mache, um nicht auszurasten, klingelt es an der Tür. Der Nachbar steht draußen und beschwert sich über die laute Musik. Ja wunderbar! Wir hören jetzt den dritten Sommer einem seiner zwei Kinder, IMMER wenn wir draußen essen oder mal in der Sonne schlafen wollen, beim Bobby-Car-Fahren zu. Rrrring, rrrring, rrrring, rrrring, rrrrring, rrrring. Stundenlang. Morgens, mittags, abends, sonntags und feiertags. Rrrrrrring, rrrrrring, rrrrring, rrrrring, rrrrring. Ich war schon mal kurz davor, nachts rüberzuschleichen und dieses scheiß Bobby-Car lahmzulegen. Und wenn sie nicht Bobby-Car fahren, heult einer von den Schreihälsen! Wie eine Sirene und mindestens eine halbe Stunde. Gern auch mal bei geöffnetem Fenster mitten in der Nacht. Damit ALLE Nachbarn was da-

von haben. Aber wir haben NIX zu ihnen gesagt und haben uns damit getröstet, dass die kleinen Kröten ja auch wachsen und irgendwann zu groß werden für das Bobby-Car.

Aber jetzt ist seine Frau schon wieder schwanger! Sie fahren ein Auto, einen Sharan mit sieben (!!!!) Sitzen, das hässlichste Auto, das man sich vorstellen kann, mit Aufklebern an der Heckklappe: «Torben an Bord» und «Greta an Bord». Allein schon die Namen! Waren die zu lange bei Ikea, oder was? Das neue Kind heißt bestimmt Billy. Ich hab schon mal über einen Aufkleber «Kein Balg mit scheiß Namen an Bord» nachgedacht. Das wäre doch cool, oder?

Der Nachbar beschwert sich immer noch bitterböse. Na warte, denk ich mir. Deine Kinder kommen auch noch in die Pubertät, und dann bin ich die Allererste, die sich über laute Musik beschwert!

«HANNAH, MACH LEISER! DIE NACHBARN BESCHWEREN SICH SCHON!»

Missmutig dämpft sie die Lautstärke.

«Wo ist denn Maximilian?»

«Oben.»

«Lass mich raten. Der chillt?»

«Weiß ICH doch nicht, was der macht!»

Mannomann. War eher eine rhetorische Frage und als Witz gedacht. Was soll der denn sonst machen? Großputz? Die Fensterläden streichen? Hausaufgaben? Aber die weibliche Brut ist aufgrund mangelnden Lärms nicht mehr zu Späßen aufgelegt. Ich gehe also rauf in Maxis Zimmer. Der liegt im Bett und schläft.

«Maximilian! Wach mal auf! Jetzt ist es sieben Uhr abends. Du kannst doch nicht um die Uhrzeit schlafen. Dann bist du doch in der Nacht wach.»

«Ich war müde ...»

«Jetzt steh mal auf und komm runter! Ich muss mit dir reden.»

«Kann das nicht bis später warten?»

«NEIN, KANN'S NICHT!»

Ich nehme die Bettdecke mit und hänge sie über die Balkonbrüstung (und das schadet auch nicht wirklich – so wie die schon wieder riecht). Nach zehn Minuten schlendert er langsam runter. Die Chiller-Hose an, die Hände in den Hosentaschen, mit freiem Oberkörper und einem halb offenen Auge.

«Was'n los?», gähnt er und streckt sich dabei.

«Du hast einen Verweis bekommen!»

«Ja, ich weiß.»

???????????????

«Und warum sagst du mir das nicht?»

«Mama, jetzt reg dich mal nicht auf. Bei uns bekommst du wegen jedem Scheiß einen Verweis. Jede Woche bekommt einer einen. Wegen Kleinigkeiten.»

«Ja, aber Verweis ist Verweis. Und das sagst du jetzt so, dass den jeder bekommt! Das glaub ich nicht! Die Hannah hatte noch nie einen. Ich meine, das sind ja keine Peanuts, wenn man einen Verweis bekommt.»

«Mama, die Frau Bart war total schlecht drauf! Wir haben im Unterricht gesimst, und bei einer SMS musste ich echt lachen, und da war sie so angepisst, dass ich der Depp war, der einen Verweis bekommen hat.»

«Wie, ihr simst im Unterricht?»

Tun sie. Tja, und das läuft dann so: Schüler A schickt Schüler B eine Nachricht. Bsssssssssm. Schüler B holt sein Handy aus der Hosentasche, liest und schickt die Nachricht weiter an Schüler C. Bsssssssssssssmm. Schüler C liest, lacht und schickt eine Antwort zurück an Schüler A und Schüler B. Bssssssssm Bsssssssssssm. Beide lesen die Nachricht und lachen leise.

Die Lehrerin fragt irgendwann, wessen Handy da ständig vibriere.

Schüler A verfasst also eine Antwort an Schüler C. Bssssssssmmm. Schüler B macht das Gleiche. Bsssssssssssssm. Schüler C liest die Nachrichten, lacht und zeigt sie seinem Nachbarn Schüler D. Der lacht auch und holt sein Handy raus und schickt einen Kommentar an Schüler A, B und C. Bssssssssm Bsssssssssssm Bsssssssssssm.

Die Lehrerin ist jetzt doch genervt und fragt nochmals, wessen Handy da ständig vibriere. Darauf bestätigt die ganze Klasse einstimmig, dass keiner, aber auch wirklich keiner, ein Handy dabeihabe.

Schüler A, B, C und D sind jetzt in einem regen Gesprächsaustausch via WhatsApp. Bsssssssssm, Bssssssssm, Bssssssssssm. Und anscheinend ist es auch ein fröhliches Gespräch, denn das Lachen wird immer lauter und zieht die Aufmerksamkeit der anderen Schüler auf sich. Also beschließt Schüler A, gleich im Gruppenchat der 8a weiterzuschreiben, dann bekommen alle die Nachrichten.

Bsssssssssssssm macht es also 29-mal in der Klasse, und 29 Handys werden aus den Hosentaschen geholt, die Nachricht gelesen, leise gelacht und ein Kommentar zurückgeschrieben.

Bsssssssssm, Bssssssssssm, Bsssssssssssssm, Bsssssssssm, Bsssssssssm, Bssssssssssssm, Bsssssssssm, Bssssssssssm, Bssssssssssssm, Bssssssssssm, Bsssssssssm, Bsssssssssm,

Bsssssssssm, Bssssssssssm, Bsssssssssssm, Bssssssssssm, Bssssssssssm, Bssssssssssm, Bsssssssssm, Bsssssssssm, Bsssssssssm, Bssssssssm, Bssssssssm, Bssssssssssm, Bssssssssssm, Bsssssssssm, Bssssssssm, Bssssssssm, Bsssssssm.

Das war dann der Zeitpunkt, als der Lehrerin der Kragen geplatzt ist und sie dem Erstbesten das Handy weggenommen und einen Verweis erteilt hat. Und das war unser Sohnemann.

«Ich hab gar nix Schlimmes gemacht. Also reg dich ab, Mama, okay?»

Nein, nicht okay. Da sitzen 29 Schüler, und mein Sohn ist der einzige, der sich erwischen lässt!

Nachts

Ich wache durch Geräusche im Erdgeschoss auf und überlege, ob ein Einbrecher im Haus ist. Ich bin schon kurz davor, meinen Mann zu wecken, als mir auffällt, dass die Geräusche relativ vertraut sind. Da hantiert doch jemand in der Küche. Und da ich davon ausgehe, dass hier keiner einbricht, die schmutzige Küche sieht und sich erst mal denkt «Na, hier ist's aber verlottert. Da räum ich schnell mal auf», gehe ich allein runter, um nachzusehen. Maximilian steht in der Küche, brät sich vier Spiegeleier und toastet nebenbei einen kleinen Berg Toastbrot.

«Was machst du da?»
«Ich hab Hunger!»
«Es ist drei Uhr in der Früh!»
«Ich hatte Hunger!»

«Warum hast du denn nicht mit uns zu Abend gegessen? Da hattest du angeblich keinen Hunger!»

«Da hatte ich auch keinen Hunger.»

«Aber du kannst doch nicht nachts um drei mit dem Kochen anfangen!?»

«Wieso? Ich hatte Hunger.»

Irgendwie drehen wir uns im Kreis.

«Weil ICH dann wach werde und nicht schlafen kann und weil es Zeiten zum Essen und Zeiten zum Schlafen gibt. Und weil bei DIR der ganze Zeit-Rhythmus total verschoben ist!»

«Komm schon, Mom ... Chill mal.»

«Kann ich ja nicht! Weil du mich weckst!»

HANNAHS SCHLÜPFTAG

Am nächsten Tag

Als ich die Brut wecke, fällt mir an Hannahs Zimmertür ein Poster auf. Bis dato hing da noch keins. Jetzt aber. Ganz allein und in der Mitte. Das Poster ist eine Comiczeichnung, und in der Mitte steht groß: «Nerd und stolz.»

????????? Was heißt denn das? Ich kann mit dem Begriff nicht so richtig was anfangen. Aber das scheint ja schon irgendeine Message zu sein, die sie das transportieren will, wenn sie das so exponiert aufhängt. Ich wecke sie vorsichtig.

«Hannah, aufwachen...»

Danach werfe ich das jüngste Herdenmitglied aus dem Bett. Beim Frühstück frage ich Hannah nach dem Poster.

«Hab ich von der Manga-Messe mitgebracht.»

«So, so. Und was heißt das, was da vorne draufsteht?»

«Is schwer zu erklären.»

«Versuch's doch mal!», ermuntere ich sie.

«Nee, Mom, sorry. Das würdest du nicht kapieren.»

«Komm schon...»

Ich stupse sie freundschaftlich an.

«MOM, es ist ein Poster! Du bewertest das wieder total über!»

Irgendwie bin ich trotzdem nicht zufrieden mit der Antwort. Maximilian ist abmarschbereit und kommt zu mir, um mich halb zu umarmen (eigentlich ist es nur eine angedeutete Umarmung) und tschüs zu sagen.

«Mach heute keinen Scheiß in der Schule!»

«Du hast eine andere Definierung von Scheiß als ich!»

«Mach einfach gar keinen Scheiß, okay?»

«Wie gesagt, du hast eine andere Definierung von Scheiß!»

Hannah räumt ihren Teller ab und sagt im Vorbeigehen: «Das heißt DEFINITION und nicht DEFINIERUNG, du Volldepp!»

«Hannah! Sag doch nicht Volldepp zu ihm!», rüge ich sie.

Sie zuckt mit den Schultern und sagt: «Kann ich ja nichts dafür, dass er einer ist. Wenn, dann können höchstens du und Papa was dafür!»

«Geht einfach beide in die Schule, ja?»

Sobald die Kinder aus dem Haus sind, fahre ich den PC hoch und suche bei Wikipedia den Begriff «Nerd».

Nerd (n3:d) bezeichnet ein gesellschaftliches Stereotyp, das besonders für an Computer, Science-Fiction oder andere Bereiche aus Wissenschaft und Technik interessierte Menschen steht. Manchmal wird auch ein überdurchschnittlicher Intelligenzquotient (IQ) als begleitende Eigenschaft genannt. Am häufigsten sind Computerenthusiasten gemeint. Während der Begriff ursprünglich negativ, insbesondere im Sinne von sozialer Isolation, besetzt war, hat er sich in Internet-Communitys unter Computerspielern und -freaks zu einer selbstironischen Eigenbezeichnung gewandelt.

So, so ... Mmmmh. Aber die Hannah ist doch kein Nerd! Wieso findet die das denn toll? Was ist denn cool daran, ein Nerd zu sein? Und wieso würde sie das stolz machen? Ich kapier's nicht.

Im Büro

Von: Hannah
Betreff: Schlüpftag

Hi du Muhz,
das wünsch ich mir so zum Geburtstag (Schlüpftag):
1: http://imericon.com/de//parkway-drive-heaven-shall-burn-04-12—münchen-ticker.html
2: http://imericon/de/catalog/produkt/view/id/239847/suicid-silence/9870/html
3: http://www.emp.de/kuroneko-punk-trousers-gir/art/09798-df/8
4: http://www.emp.de/nirvana-seattle-1988t-shirt/art_239480/
5: http://www.emp.de/sonsof-anarchy-seasons-1-4dvd/art_23434/
Gemuhzt!
Die Links sind nach Wichtigkeit geordnet

So so ... Wenn ich jetzt auch noch wüsste, was das alles ist, was das kleine Miepi da will, wäre das echt ein Vorteil. Ich tippe mal stark auf Konzerttickets und CDs.

Von: Maxi
Betreff: kauuuuuuuuufen

http://www.amazon.de/snickers-workwear-G%C§%BCrtel-elastischer-schwarz/dp/POOI879879/ref=_1!_oieuoieKeay_sdfkjsdfj&sr_snickers=onBCuertel
kaufen! kaufen! kaufen! ☺

siehst du da beim bestellen irgdenwo wann's dann da ist?? :-o
ich wünsche einen schönen arbeitstag

Sag mal, ist die Groß- und Kleinschreibung heute mal wieder daheimgeblieben, oder was?

Von: St. Michael Gymnasium
Betreff: Notenbild Ihres Sohnes Maximilian

Sehr geehrte Frau Denk,
leider muss ich Ihnen mitteilen, dass sich das Notenbild Ihres Sohnes Maximilian trotz Wiederholens der Klasse nicht gebessert hat.
Wir bitten Sie zu einem persönlichen Gespräch in die Schule.
Mit freundlichen Grüßen
Herbert Schach
Direktor

Scheiße ...

Abendessen

Heute gibt's folgendes Essen:
　Spaghetti mit Käsesoße für Hannah.
　Spaghetti mit Sauce Bolognese für meinen Mann.
　Wraps mit Chili für Maxi (eigentlich ist es auch nur Sauce Bolognese mit Chili).
　Salat mit Putenbruststreifen für mich.
　«Hannah, an deinem Geburtstag müssen wir abends beide Opas und Omas einladen, außerdem Onkel und Tante.»

«Yeah ...»

«Komm schon! Die kommen alle dir zuliebe! Weil du deinen Schlüpftag hast! Was wünscht du dir denn zum Essen?»

«Back-Camembert.»

«Das isst die Oma Sieglinde nie!»

Sie überlegt kurz: «Mmmh ... Pizza!»

«Geht nicht, wegen der Prothesen von Opa Günter und Oma Inge.»

«Schnitzel!», wirft Maxi ein.

«Die Hannah ist Vegetarierin!»

«Kässpatzen!», schlägt Hannah vor.

«Der Opa Karl darf kein Gluten essen!»

«Oder den Braten, den du das letzte Mal gemacht hast!», ruft Maximilian.

«Max, du Vollpfosten, ich bin Vegetarierin!», schnauzt ihn Hannah an.

«Kürbispfanne!», schlage ich enthusiastisch vor.

Alle drei wenden sich ab und machen leise Würggeräusche.

«Lachs?», fragt mein Mann hoffnungsvoll.

«Das Kind isst KEIN FISCH UND KEIN FLEISCH! Ist das so schwer zu kapieren?»

«Die kann ja was anderes essen ...», brummelt er vor sich hin.

«Ja genau! An ihrem Geburtstag koch ich, was alle anderen gerne mögen, und SIE bekommt ein Gnadenessen!»

Wir sitzen schweigend am Tisch und überlegen. Da hab ich eine Idee.

«Vielleicht eine Gemüsequiche!»

Ich blicke freudestrahlend in die Runde. Alle drei wenden sich ab und machen wieder Würggeräusche.

«Ja, schön! Ich komme mir gar nicht verarscht vor!»

Undankbares Volk! Schweigen.

«Und wenn wir grillen? Dann ist für jeden was dabei!», schlägt mein Mann vor.

«Schatzi, du bist ein Genie!»

Ich küsse ihn ganz dick auf den Mund, und die Kinder wenden sich erneut ab und machen leise Würggeräusche.

«Sehr witzig. Das ist echt eine super Idee. Dann kann ich für unsere Eltern einfach Nackensteaks machen, Maxi bekommt Spareribs, du bekommst Lachs, Hannah Grillkäse und ich Putenfleisch. Sehr gut. Und die Beilagen kann ich schon im Voraus zubereiten, und jeder nimmt sich einfach, was er mag! *Pretty easy* für mich! Sehr guter Einfall, Schatzi.»

Er sitzt da und lächelt gönnerhaft, als hätte er nichts anderes erwartet. War aber wirklich eine gute Idee. Muss ich ihm lassen.

«Mal ganz was anderes: Maxi, dein Zimmer sieht ja wieder aus wie vorher! Was ist denn da passiert? Ich dachte, das ist dir peinlich, wenn deine Freunde und FreundINNEN kommen, und da sieht's aus wie Harry?!»

«Ja, ich hab mir das überlegt.»

Ich schaue ihn zweifelnd an.

«Was hast du dir überlegt?»

«Das ist ja voll der Aufwand für mich jedes Mal, wenn die kommen ... Deswegen schau ich jetzt immer, dass wir uns irgendwo anders treffen, aber nicht bei mir. Ganz schön schlau, oder?»

Er strahlt mich an. Ich schaue meinen Mann an, halte mir eine imaginäre Pistole an den Kopf und mache «Puff».

Später

Ich gehe rauf in Maximilians Zimmer. Der liegt im Bett, in Chiller-Hose und T-Shirt, und skypt. Auf dem Boden liegen mal wieder seine Schulbücher, zwischen den leeren Chipstüten, der Wäsche und geschätzten 24 Pfandflaschen. Dazwischen kann ich einige Arbeitsblätter entdecken. Zuallererst öffne ich das Fenster, weil es tierisch müffelt.

«Maximilian, so kann es nicht weitergehen», sage ich sehr ernst zu ihm und setze mich auf die Bettkante.

Wir führen ein halbstündiges Gespräch, in dem mir Maxi erzählt, dass er etwas Schwierigkeiten mit der Motivation hat. Wir reden über die Zukunft und darüber, wie wichtig das Gymnasium dafür ist. Wir sprechen über seine Wünsche für sein Leben und wie sich die am besten realisieren lassen. Ich versuche, ihm klarzumachen, dass ein guter Schulabschluss extrem wichtig ist, um sein Leben so zu gestalten, wie er das möchte. Am Ende zeigt er sich tatsächlich einsichtig und verspricht mir ganz fest, dass er sich jetzt ändert.

Hoffentlich macht er das, hoffentlich! Aber diesmal glaub ich's ihm fast. Ich glaube, diesmal meint er's ernst.

Frühstück

Wir haben ein paar Schritte zurück gemacht in der Evolution, deswegen gibt es jetzt wieder Fertigwaffeln. Ist mir recht, weil das relativ wenig Aufwand ist beim Frühstück.

«Mom, ich geh später mit Lissi und Andi ins Kino. Bin um acht wieder da!», verkündet Maxi anschließend.

«Okay, warte, ich geb dir Geld. Dann könnt ihr euch Popcorn oder so was kaufen.»

Ich hole meinen Geldbeutel und drücke ihm mein gesamtes Kleingeld in die Hand.

«Brauchst du noch Geld für den Zug?»

Er zögert kurz und sagt: «Nee, das bekomm ich schon irgendwie hin.»

«Du fährst aber nicht schwarz, oder? Das machst du nicht, gell? Oder? Warte, ich geb dir noch 10 Euro.»

Hektisch zerre ich meinen Geldbeutel noch mal aus der Handtasche und suche einen Zehner.

«Danke.»

Maxi grinst und verschwindet nach oben, um sich die Haare zu machen.

«Hannah, du hast heute die Mathearbeit, gell?»

«Ja.»

«Das schaffst du schon! Du hast doch gelernt!», ermutige ich sie.

«Mom, du hast echt keine Ahnung, wie schwierig das ist!»

Hannah wirkt leicht verzweifelt. Ja, das stimmt schon. In Mathe bin ich bei Hannahs Stoff schon vor zwei Jahren ausgestiegen.

«Ich glaub ganz fest an dich! Magst du ein bisschen Schokolade mitnehmen? Die isst du dann vorher, und dann kannst du dich besser konzentrieren!»

Sie steht auf, streichelt mir mehrfach wie bei einem Hund über die Schulter und sagt «Jaaaaa genau Mama...» und geht kopfschüttelnd rauf, um sich die Haare zu machen. Ich komme mir leicht verarscht vor.

Währenddessen rennt Maximilian wieder runter und

sagt: «Mama, kann ich ein bisschen was von deinem Makeup haben? Ich hab hier ein paar Pickel, die muss ich irgendwie abdecken oder so ...»

Also, irgendwie hab ich mir das anders vorgestellt. Ich dachte immer, mit meiner Tochter rede ich über Schminke und Haarspraysorten, und mein Sohn wird der intelligente Computerfreak! Warum muss bei meinen Kindern nur alles anders sein?

Im Büro

Von: Hannah
Betreff: EMP

Hi! I need some new T-shirts!! http://EMP/ 98733/Shirt//Shirt-Damen//dofij:.=??/&%655
Und das hier http://EMP/90430u/Shirt/Shir-rundhals/Damen=?=876
Und die Hose http://EMP/097/Trousers/Black//09/lli/woman=ß09907
Thanks

Von: Schatzi
Betreff: Buch

Hi Schatzi!
Du hast doch so einen Amazon-Account, oder? Könntest du da für mich das neue Buch von Hape Kerkeling bestellen, das würde ich einem Kunden gern zu Weihnachten schenken?

Und ich komme so selten in die Buchhandlung. Aber nur, wenn das unkompliziert für dich geht.
Danke und viele liebe Bussis!

Von: Göttergattin
Betreff: Re: Buch

Hi Schatzi!
Kein Problem. Ist bestellt.
Viele Bussis zurück und bis später

Von: Maxi
Betreff: Weihnachtsgeschenke

Hi
Kannst du das bitte bestellen?
http://www.amazon.de/Ring-automotive-pocket-inspektionslampe/extrem/dp/SDIFLFHJIE/ref1-1IERJ&345§$4/8-2keyword=ring+taschenlampe
danköööö

Von: Hannah
Betreff: Tickets!!!!!!:-)

Hi du Muhz!
Ce sont les tickets. (je parle fracais trés bien)
Das Konzert ist an einem Samstag. Entweder ich kauf's mir selber oder als Weihnachtsgeschenk, darfst Du entscheiden.

http://www.impericon.com/de/caliban-25-02-2014-muenchen-ticket.html

Merci beacoup!

DIE SCHANI

Abendessen

Ich bin gerade beim Kochen, als es an der Tür läutet. Draußen steht ein scheu dreinblickendes Mädel.

«Hallo!», begrüße ich sie erstaunt.

«Hiiiii. Ist Maxi da?»

«Jo! – Maaaaaaaaaaxi! Besuuuuuuch!»

Ich entferne mich diskret von der Eingangstüre, um direkt hinter der Ecke stehen zu bleiben und zu lauschen. Aber die zwei reden so leise, dass ich nichts verstehe. Mist! Nach zwei Minuten ist das Gespräch erledigt, und er kommt wieder rein.

«Wer war denn das?», frage ich ihn, als er wieder hochgehen will.

«Die Lisa.»

«Aha. Und was wollte die?»

«Das ist schon die Vierte, die mich wegen dem Herbstball fragt! Die drehen deswegen alle voll durch!»

«Ach, die haben dich alle gefragt, ob du sie begleiten willst? Das ist doch toll!»

«Ja. Und alle sind jetzt beleidigt und sauer auf mich. So toll ist das!»

«Warum gehst du denn nicht hin? Das wird bestimmt lustig. So was vergisst man ewig nicht! So ein Ereignis hat man ja meistens nur einmal in seiner Schulzeit. Geh doch hin! Das wird sicher super!», versuche ich, ihn zu ermutigen.

«Nein! Ich geh doch nicht auf den blöden Herbstball! Außerdem: Wenn ich da mit einer hingehe, sind alle anderen eifersüchtig und noch mehr sauer. So ist es besser gelöst! Und ich hab wirklich überhaupt keine Lust auf so einen Ball!»

«Überleg dir's halt noch mal! So was hat man nicht so oft im Leben!»

«Nee, Mama, echt nicht!»

«Ich find das vooooll schaaade!»

Er nicht. Er zuckt die Schultern und geht hoch.

Frühstück

Immer noch Fertigwaffeln (aber NUR die von Rewe – weil die haben Puderzucker obendrauf!). Das Telefon läutet. Hannah geht ran.

«Ja?»

Kurzes Zuhören und Warten. «MAAAAAXI! Telefon!»

«Wer ist dran?», flüstere ich ihr zu.

«Die Schani.»

«Welche ist das denn jetzt wieder? Kennst du die?»

«Ja, so ungefähr!»

Maximilian kommt runter und nimmt das Telefon.

«Ja ... Hi! ... ja ... ja ... okay ... mmmmh ... ja, bis dann.»

????????

«Wer war das?»

«Die Schani.»

Oh Mann, das weiß ich ja schon! Ich will jetzt endlich Einzelheiten!

«Und was wollte die?»

«Ob ich mit dem gleichen Zug in die Schule fahr wie sie.»

«Und?»

«Jaaa, mach ich.»

Ich schau ihn mit hochgezogenen Augenbrauen an.

Verdrehte Augen: «Ja, ich fahre mit dem gleichen Zug!»

«Ja, wo ist denn das Problem? Du wirkst leicht angepisst!»

«Die fragt mich hundertpro wieder wegen dem Herbstball!»

«Sag mal, wäre es nicht einfacher, mit EINER da hinzugehen, und dann hast du auch für alle anderen eine Ausrede, nach dem Motto: Sorry, hab leider schon der Schani zugesagt. So ist es ja fast noch mehr Stress für dich! Die Mädels verstehen das nicht, dass du grundsätzlich nicht zum Herbstball willst. Die denken: Das liegt an mir! Der hat keine Verabredung, aber mit MIR will er trotzdem nicht. Das ist richtig übel für die Mädels. Bei denen kommt das so an: Lieber gar nicht als mit dir! Aber wenn du sagst: Sorry, ich hätte dich gerne begleitet, aber leider hab ich schon der Schani zugesagt, dann denken sich alle Mädels: Scheiße. Zu spät. Hätte mich halt früher trauen sollen, ihn zu fragen. Tja, und DU bist dann fein raus!»

«Na ja, wenn ich so drüber nachdenke ... Stimmt eigentlich. Das ist ja viel einfacher. HAST RECHT! Wo ist das Telefon?»

Er schnappt sich das Telefon und drückt in der Anrufliste auf die zuletzt eingegangene Nummer.

«Schani? Wolltest du mich wegen dem Herbstball fragen? Ja, okay, ich komm mit! Ja! Wann fängt das an? Um halb acht?»

Ich zeige sieben Finger und forme mit den Lippen das Wort «Siiiiiieeebeeeennnn».

«Ich hol dich um sieben ab!» Daumen hoch zu mir. «Ja passt ... okay, bis dann ... ja ... ja ... okay ... mmmmhm ... Bis dann!»

Er beendet sein Telefonat, ich zeige ihm auch beide Daumen hoch und grinse von A nach B. Er geht wieder nach oben, um sich die Haare für die Schule zu machen. Ich freu mich, dass er da hingeht. Sehr schön!

Da kommt Hannah zu mir, nimmt meine Hand und sagt sehr geduldig: «Weißt du, wieso die Schani heißt?»

«Ähh ... Nein.»

«Das ist die Chantall! Und genauso sieht die auch aus! Und aus genau so einer Familie kommt die. Die wohnt da in der Wohnblocksiedlung am Kreisverkehr. Die Eltern sind beide arbeitslos, seit ich die kenne. Die hat ein Arschgeweih tätowiert und ist so geschminkt – da könntest du einen Schminkkurs nehmen. Und ihr Deutsch beinhaltet in jedem zweiten Satz das Wort ‹tu›. So wie: Tust du meine Hausaufgaben mitmachen? Außerdem raucht die. Im Gegensatz zu den anderen Mädchen, die um ihn rumscharwenzeln. Das sind zwar auch Tussis, aber die haben zumindest noch einen Haaauuuch von Niveau! Also schön, dass du ihn ermuntert hast, mit der einen wirklichen Ganz-ohne-Hirn-und-Niveau-Tussi zum Herbstball zu gehen ...»

«Echt jetzt?»

Ich bin völlig erschrocken.

«Jo», nickt Hannah weise.

Scheiiiiiiße! *What have I done?*

Ich schwöre, ich misch mich nicht mehr ein, ich schwöre!

Im Büro

Von: Maximilian
Betreff: Herbstball

Hi Mom.
Brauch nen Anzug. Können wir Samstag nach München fahren??
Kannst du für mich für Oma Sielginde und Opa Karl was zu Weihnachten besorgen?
Mir fällt da nix ein. Was macht denn alten Menschen Freude??
Noch einen schönen Tag
Maxi-Muhzi

Mist. Jetzt kann ich meinen freien Samstag opfern und mit dem nach München fahren und ihm einen Anzug für 200 Euro kaufen, den er dann bei seinem Date mit der Vollpfosten-Tussi tragen kann. Was hab ich mir dabei gedacht, den zu dem blöden Herbstball zu ermuntern? Das kostet mich nur Zeit und Geld. Oh Mann, ärgert mich das!

KOA BIER TROTZ WEIHNACHTEN

Im Büro

Von: Hannah
Betreff: Antrag an die Muhz GmbH

Hi! Du Stück du! ☺
C'est sont les liens pour le couleur de cheveux!
http://www.impact-mailorder.de/shopping_cartphph?produkts_id=234
http://www.impact-mailorder.der/Haarfarbe-Pflege-Schmuck/Hair/Raven-manic-panic-cream9873294.html
(ich brauch logischerweise beide)
Thanks for bestellering, I give you le money tomorrow!

Ich kann zwar kein Französisch, aber ich kapier auch so, dass ich mal wieder eine Haarfarbe bestellen soll.

Von: Hannah
Betreff: Weihnachten

Ach ja, ganz vergessen …
Kannst du mir noch folgende Bücher für Weihnachten besorgen?
Für Papa: Restewampe. Gibt es für Männer ein Leben nach vierzig?
Für Opa Günther: Update für den Ruhestand: Alles was Ruheständler heute wissen müssen

Für Oma Ilse: Nein! Ich will keinen Seniorenteller!
Für Opa Karl: Ruhestand für Einsteiger
Für Oma Siggi: Brigitte Diät – Abnehmen mit Lieblingsgerichten
Für Onkel: SMS von gestern Nacht
Für Tante: Feuchtgebiete
Für Maxi: Ich bin dagegen – und das aus Prinzip! Der Survival Guide für Teenager
Für ???: Ohne Fleisch genießen. Gesund, lecker – vegetarisch!
Und damit hab ich ganz easy ALLE Weihnachtsgeschenke!
Bin einfach unschlagbar cool! HA!
Merci Cheri le Muhz!

Ja, wunderschön! Für wen ist wohl das vegetarische Kochbuch? Jetzt bestelle ich schon meine eigenen Weihnachtsgeschenke! Aber klug und stressfrei gelöst hat sie's, das muss man ihr lassen. Unsere kleine Quoten-Intelligenzbestie...

Abends

Ich gehe zu Hannah rauf, um ihr die Wäsche ins Zimmer zu legen, als ich beim Reingehen eine riesige Spinne in der Ecke über ihrem Bett entdecke. Ich hab mich immer voll im Griff, aber ich schwöre, bei Spinnen dreh ich durch. Und das hat auch ein klein wenig auf die Kinder abgefärbt, vom Kleinkindalter an zu sehen, dass die Mama bei Spinnen etwas hohldreht... Ich springe also auf die Couch und rufe hysterisch: «HANNAH! SPINNE!»

Und sie schaut nicht mal, wo die Spinne denn eigentlich sitzen könnte, sondern hüpft einem Reflex folgend sofort zu mir auf die Couch.

Die Spinne erschrickt sich aufgrund des Geräuschpegels auch etwas und fängt sehr schnell an zu krabbeln, was unsere leichte Hysterie nicht wirklich dämpft. Genau in der Mitte, zwischen Couch und Zimmertür, bleibt die Spinne regungslos stehen. (SCHEISSE UND DIE IST ECHT GROSS.) Das jüngere männliche Familienmitglied steht plötzlich in der Tür, angelockt durch unser Geschrei, und blickt auf die Spinne.

«MAXI, mach die weg! BITTE!», rufen Hannah und ich ihm zu.

Maximilian schaut auf die Spinne, schaut zu uns und wieder auf die Spinne, schüttelt kurz den Kopf und sagt: «Nee, Mama, die is ja riesig. Das kann ich nich. Sorry...»

Und geht wieder! Der lässt uns im Stich! Sonst macht der immer so auf Macker, aber bei einer Spinne ist's aus, oder was? Na warte! Das bekommst du zurück!

Ich rufe also runter: «Schaaaaatzi! Kannst du bitte kommen?»

Mein Mann kommt rauf und sieht uns auf der Couch stehen.

«Spinne, oder?», fragt er resigniert.

«Ja, direkt vor dir! Schatzi, die is voll riesig! Mach die bitte weg!», flehe ich ihn an.

«Papa, bitte mach die weg! Ich schwör dir, ich schlaf sonst bei euch!»

Uiiiiii! Das sitzt! Ratzfatz ist die böse Spinne tot. (JAWOHL, TOT UND NICHT RAUSGETRAGEN UND LIEBEVOLL FREIGELASSEN, SONDERN TOT!)

«Warum hat der Maxi die denn nicht erschlagen?», fragt mein Mann, während er die Spinnenreste mit Klopapier wegmacht.

«Weiß auch nicht, den graust es genauso wie uns...!»

«Ach komm! Der Junge hat Angst vor Spinnen? Unsere Maxi-Diva? Was macht der denn, wenn der mal 'ne Frau hat? Sagt er dann: ‹Schatzi, kannst du bei meinem Auto die Reifen wechseln?› Hihihihi.»

Er findet das sehr lustig.

«Oder geht er in die Werkstatt im Keller zu seiner Frau und sagt: ‹Hier, Liebling, dein Bier!› Hahaha, hihihi.»

Er lacht und lacht.

«Hihi! So ein Weichei! Hahaha!»

Er kriegt sich schier nicht mehr ein.

«Psssst! Wenn der das hört! Dass du dich so über ihn lustig machst! Jetzt sei LEISE! Der hat halt auch Angst vor Spinnen. Wo steht denn, dass man als Mann keine Angst vor Spinnen haben darf?»

Aber mein Mann lacht und lacht, ihm laufen schon kleine Tränen aus den Augen. Irgendwann ist's mir doch zu blöd, und ich sehe ihn eine ganze Zeit kühl an.

«Hahaha! Hihi ... Mpfffff ... Hihi ... Hi ... hmmmpf ... hi ... hi ...»

Langsam beruhigt er sich wieder.

«Komm schon, Schatzi! Dass ihr zwei Mädels bei einer Spinne so durchdreht, ist ja schon voll crazy. Aber dass der Maxi dann auch noch Angst vor einer Spinne hat! Hihihi ... Wie ein Mädchen...»

Er wischt sich die Lachtränen aus den Augenwinkeln. Hannah und ich stehen immer noch auf der Couch – mittlerweile beide mit vor dem Oberkörper verschränkten Armen.

«Papa, du drehst bei Schlangen viel mehr durch!», sagt Hannah kühl.

Mein Mann hört schlagartig auf zu lachen.

«Weißt du noch, als letztes Jahr die Ringelnatter in dem Weiher war, als wir schwimmen waren – da bist du voll durchgedreht. Dagegen war, wie der Maxi bei der Spinne reagiert hat, völlig beherrscht!»

Holla! Hannah zeigt's ihm.

«So schlimm war's auch nicht», rechtfertigt er sich.

«Papa, du hast hysterisch gekreischt, als du zurückgeschwommen bist!»

Hallo, Töchterlein! Ich hätt's nicht besser sagen können! Sehr gut. Mit großem Selbstbewusstsein und immer noch verschränkten Armen pflichte ich ihr bei: «GENAU!»

Mein Mann ist leicht irritiert über den Richtungswechsel der Situation und sagt: «Ja, aber das war was anderes! Das war eine Schlange!»

Weihnachten

Opa Karl und Oma Sieglinde sind wie jedes Jahr da. Ich habe den ganzen Tag in der Küche gestanden und gekocht. Zwei riesige Gänse. Mein Ofen ist komplett voll, und das ganze Haus riecht nach Gans. Für Hannah gibt's Kasspatzen (wie von ihr gewünscht).

Mit meinen Eltern Weihnachten zu feiern, ist nicht ganz einfach. Das geht schon damit los, dass sie immer mindestens eine halbe Stunde zu früh kommen, wenn ich noch nicht mal umgezogen bin. Dann quatschen sie mich beim Kochen voll («Mei, hast scho ghert? Vom Schweiger Alfons da Bruader hod jetzt ganz schwar Zucker kriagt!») und geben kund, was sie jeweils anders machen würden («Da muas vui mehr Butter hi!»). Das Weißbier, das auf ihren Wunsch hin serviert wird, ist immer etwas zu kalt oder etwas zu warm. Beim Essen werden schließlich folgende Punkte kritisch beurteilt:

1. Vorspeise Lachsröllchen («So was essen mia ned ...»)
2. Gänsebraten (geht so)
3. Füllung (zu wenig Butter)
4. Knödel (zu fest)
5. Blaukraut («I mach des ganz anders!»)
6. Soße («Hast du a Salz da?»)
7. Nachspeise («Hast du an Zucker da?»)

Um dann nach dem Essen festzustellen: «Das war so fett! Hast du an Williams da?»

Anschließend setzen wir uns alle rüber ins Wohnzimmer. Bei uns ist es Tradition, dass sich meine Eltern bei allen Familienfesten einen anglühen, dementsprechend wird gleich nach Rotwein gefragt. Sie sind mittlerweile recht lustig, die zwei.

Wir fangen also nach und nach mit dem Geschenkeauspacken an. Ich bekomme von meinem Mann ein neues Parfüm (ui!), die neuen Skier, die ich mir gewünscht habe (geil!), und ein paar Ohrringe mit kleinen Brillanten (ABER HALLO!). Von Maximilian bekomme ich eine Körperlotion (riecht gut!) und von Hannah ein vegetarisches Kochbuch (Überraschung!).

Auf einmal sagt meine Mutter: «Derf'n die Kinder koa Bier trinken?»

Ich schaue sie ungläubig an.

«Nein, Mama! Die sind 15 und 16! Die kriegen doch hier kein Bier!»

Meine Mutter ist nicht weiter beeindruckt.

«Bei uns dahoam hom die Buama mit 13 schon a Bier kriagt und hod earna a ned gschadet!»

Jetzt muss man wissen, dass meine Mama aus dem entlegensten bayerischen Dorf stammt, das man sich vorstellen kann. Da wird an Allerheiligen, wenn man ans Grab geht, vorher noch ein neuer Trachtenmantel gekauft, um damit anzugeben. Da gibt's auch noch Gerichte wie Blutwurst, Presssack, Rinderzunge und Kesselfleisch (richtig eklig!); dafür gibt's die Worte Cholesterin und Blutzucker nicht. Am Wochenende geht der Mann vormittags zum Frühschoppen, und die Frau kocht. Die Männer sind im Schützenverein oder bei der Freiwilligen Feuerwehr und die Frauen im Verband der katholischen Landfrauen. Manche behaupten, dass dort noch Hexenverbrennungen stattfinden, aber das ist vielleicht doch übertrieben.

«Ja, schön, Mama, aber das muss ja nicht sein», möchte ich das Gespräch beenden.

«Jetzt loß eana halt a mal a Bier probieren! Des ist doch nix Schlimms! Und heid is Weihnachten!», beharrt meine Mutter jedoch und nickt den Kindern aufmunternd zu.

Maximilian hat schon ganz große Augen und grinst.

«Nein, Mama, die kriegen hier kein Bier!»

«Du bist immer so ogspannt! Jetzt sei halt a mal a bisserl locker!», rügt sie mich, und die Kinder nicken zustimmend in meine Richtung.

Wie schön! Jetzt denken sogar schon meine Eltern, dass ich ungechillt bin.

«Oder, Papa, was moanst du? Die wern doch jetzt a mal Bier trinken dürfen!»

Mein Vater nickt einfach. Jetzt reicht's mir.

«Ihr zwei wisst schon, dass ICH euer Altenheim mal aussuche, oder?»

Ich schaue sie streng an.

«Heute ist Weihnachten, und ich hab mir den ganzen Tag den Arsch aufgerissen, damit alles perfekt ist! Also: Ich will jetzt nichts mehr hören!»

Missmutig halten beide den Mund. Ha! Das hat gesessen!

DIE SACHE MIT DEM SCHLECHTEN GEWISSEN

Frühstück

Tatsächlich IMMER noch Fertigwaffeln von Rewe, allerdings jetzt mit Ahornsirup. Für die ungechillten Herdenmitglieder gibt es Quark mit Obst und Nüssen. Maximilians Handy läutet.

Er geht ran und sagt: «Hi! ... Ja ... Können wir machen ... Okay, bis später.»

«Wer war das?»

«Die Michelle, wir gehen nach der Schule zusammen zu McDonald's.»

«Wer ist das denn jetzt wieder? Sag mal, wie viele Chicas hast du denn am Start? Das sind ja ständig andere!»

«Ich hab mit denen nix! Das ist platonisch. Rein platonisch! Auch wenn DU das anscheinend nicht glauben kannst, und ICH mich frage, was haben meine Eltern früher alles so gemacht, wenn es für sie völlig undenkbar ist, dass ich platonische Freundinnen habe!»

Aber hallo! Das war ja mal ein echt langer Satz für unseren Chiller.

«Ich glaub dir kein Wort. So schaut's aus. Weil platonische Freundinnen nicht dauernd wechseln!»

Er zuckt mit den Schultern und geht. Mist! Ich kann das echt gar nicht einschätzen. Einerseits glaub ich ihm kein Wort, anderseits sagt er das immer wirklich überzeugend. Mmmmmmh. Das macht mich schier wahnsinnig!

Abendessen

Ich koche Lachsquiche. Sonst nix! Weil Jungtier weiblich bei Kathi abhängt und Jungtier männlich vorher auf sein straffes Nachmittagsprogramm hingewiesen hat und momentan gar keinen Hunger hat.

«Wieso kommt der nicht runter zum Essen?»

«Weil er bis um vier Schule hatte, und dann war er noch kurz bei der Tatti und mit der Michelle unterwegs, und jetzt ist er halt ein bisschen müde...»

«Ja, aber Schatzi, der ist 15 Jahre alt! Wieso ist der denn um 18 Uhr müde?»

«Ja, weiß auch nicht...»

«Der ist doch nachts immer ewig wach!?»

«Ja, stimmt schon. Aber wenn ich ins Bett geh, dann geh ich immer noch kurz rauf zu ihm, um ihn ins Bett zu schicken. Dann sagt er: Ich geh ja gleich. Und wenn ich ein bisschen vehement werde, sagt er: Mom, was soll ich mache? Ich bin halt nicht müde!»

Ich versuche, meinem Mann die Sachlage zu erklären.

Er sagt: «Ja, das versteh ich ja. Aber der ganze Tagesrhythmus von den Zwergen ist halt total verschoben. Und jetzt essen sie nicht mal mehr mit uns zu Abend!»

Mmmh... Er hat ja recht. Aber wenn ich abends heimkomme, hab ich eh immer ein schlechtes Gewissen, weil ich den ganzen Tag weg war. Und am allerliebsten hätte ich dann, wenn «Friede-Freude-Eierkuchen» herrscht. Aber das tut es natürlich nie, und es gibt bestimmte Sachverhalte, mit denen bin ich gezwungen, mich auseinanderzusetzen und deshalb zu streiten, etwa die Schule. Bei allen anderen Sachen, die vielleicht nur halb so wichtig sind, lass ich daher alle fünfe ganz schnell grade sein. Was soll ich machen? Die Abende sind einfach viel zu kurz, und die Alternative wäre, dass wir uns 80 Prozent der Zeit, die wir zu Hause zusammen verbringen, streiten! Übers Zimmeraufräumen, die Schule, das Essen, das Konsumverhalten, die Grundeinstellung usw. Da gibt's kein Ende! Deswegen macht es mir prinzipiell auch nichts aus, vier verschiedene Abendessen zu kochen, wenn dann alle glücklich sind. Ich bin ziemlich schnell, und der Arbeitsaufwand beträgt in der Regel 45 Minuten. Ich muss mit niemandem diskutieren, es gibt keine mürrischen Gesichter am Tisch, und alle sind happy. Einschließlich mir!

Wenn der Maxi also zu mir sagt: «Mom, ich hatte jetzt bis um 4 Uhr Schule und bin echt müde. Könnt ihr bitte ohne mich essen? Hab eh keine Hunger», dann sag ich «Ja, okay, Maxi. Ausnahmsweise...»

Weil ich einfach keine Ärger will! Das Problem ist nur: Aus «ausnahmsweise» wird (so schnell kann ich gar nicht schauen) ganz schnell immer! Und das wird dann irgendwann schon ein Problem. Man kann um des lieben Friedens willen eben nicht alles kompensieren. Das holt einen sonst irgendwann ein: das Essverhalten, die Schule, das Lern- und Freizeitverhalten. Ich müsste eigentlich viel strenger durchgreifen. Aber: Wie soll das gehen? In der kurzen Zeit am Abend?

Genau genommen habe ich, seit ich wieder voll arbeite (und das ist, seit Maximilian zwei geworden ist), ein permanent schlechtes Gewissen. Ich war immer DIE Mutter, deren Kinder die neuen Hefte und Arbeitsmaterialien im neuen Schuljahr als Letzte dabeihatten. Die, die ihren Kindern, wenn sie den Turnbeutel/den Malblock/das Matheheft vergessen hatten, es nicht nachbringen konnte. Die, die immer ein bisschen zu spät zum Laternenfest, zur Nikolausfeier, zum Picknick kam. Die, die in der Grundschule morgens früh die Hausaufgaben der Kinder fälschte und sie selber machte, aus Angst vor der erneuten Rüge der Lehrerin. Die, die zum Sommerfest einen Kuchen beim Bäcker kaufte, um ihn anschließend ein bisschen anzukrümeln und mit Puderzucker zu bestreuen und als selbst gebacken zu verkaufen. Die EINZIGE Mutter, die zum Geburtstag des Kindes Wiener und Brezn mitgab, um sich anschließend von der Klassensprecherin-Mutter anzuhören: Also WIR bringen alle selbst gemachte, gesunde Sachen mit!

Ich habe ein Trauma! Ich habe mich immer gefühlt, als würde nie genügen, was ich mache. Obwohl ich mir stets die Hacken abgelaufen und mich bei der Arbeit so abgehetzt habe, um dann doch wieder zu spät zu kommen. Und ALLE anderen Mütter, die zu Hause waren und sich den ganzen Tag rührend um ihre Brut kümmerten, belächelten mich müde als Rabenmutter.

Es gibt diesen elitären Kreis von Müttern, da komme ich nie im Leben rein. Die sind alle so perfekt. Und die perfekteste von allen ist die Ingrid. Ihr Mann ist Schriftführer im Elternbeirat, und die zwei machen alles, aber auch wirklich alles, so was von richtig und auch noch pünktlich. Ach was, überpünktlich! Für die Ingrid und ihren Mann bin ich Abschaum. (Aber die Ingrid hat ihrem Mann auch schon vor langer Zeit die Eier abgenommen und versteckt sie daheim im Schrank. Auch nicht schön!) Ich hatte immer das Gefühl, dass ihnen meine Kinder leidtun.

Aber jetzt mal ehrlich: Wen interessiert, ob ich 32 Muffins für die Schule, 18 Muffins für das Karate und 12 Muffins für den Kindergeburtstag zu Hause wirklich selbst gebacken oder beim Bäcker gekauft habe? 62 Muffins! Keinen. Das schlechte Gewissen bleibt trotzdem.

Frühstück

Mein Mann musste heute früher zur Arbeit. Maximilian und Hannah sind schon mit dem Frühstück fertig (Milchbrötchen in Kakao getunkt – voll eklig), während ich noch meine Reiswaffel mit Tomaten und Schinken esse (finden die Kinder voll eklig). Die Frischlinge verschwinden also in diversen Bädern: Hannah im Kinderbad, Maximilian im Gästebad.

So langsam wird's knapp mit der Zeit, da kommt Hannah zu mir und braucht einige Unterschriften: Elternabend und Schulausflug zur Kenntnis genommen, Einwilligung zur Sexualaufklärung usw.

Maximilian kommt auch noch mal rein, umarmt mich mit 40 Zentimetern Abstand und sagt: «Was ich noch sagen wollte: Wenn du dich ärgern willst, dann geh in mein Zimmer. Wenn du gechillt bleiben willst, bleib draußen. Deine Entscheidung! Bis später.»

Spricht's und geht.

«Ey! Das ist doch kein Argument!», rufe ich ihm hinterher.

«Doch! Bis dann.»

Und – klick – fällt die Haustür ins Schloss. Was soll ich denn jetzt machen? Geh ich rauf und ärgere mich, oder gehe ich nicht rauf und ärgere mich nicht?

Hannah sagt ehrlich beeindruckt: «Der ist gar nicht so blöd, wie ich dachte!»

«DOCH! Der ist schon blöd! Der Spruch ist voll blöd!», blaffe ich sie an.

«Okaaaaay... Wie du meinst. Mir doch egal», sagt Hannah und verkrümelt sich ebenfalls in die Schule.

Was mach ich denn jetzt? Der manipuliert mich. Aber ich hab jetzt auch keinen Bock, mich zu ärgern. Mmmmmhhr... Ich geh morgen rein und warne ihn heute Abend vor. Dann muss er vor morgen aufräumen! So mach ich's. Genau. Ich dreh den Spieß um!

SCHLECHT ANGEZOGEN IM GOLFCLUB

Samstagabend

Heute findet ein großes Essen im Golfclub statt – die Clubmeisterschaft wird gefeiert mit großer festlicher Siegerehrung. Mein Mann hüpft deswegen schon seit zwei Tagen aufgeregt im Haus rum. Er hofft, dass er einen Platz unter den ersten fünf erspielt. Ich wurde mehrmals (bestimmt ein Dutzend Mal) gebeten, doch auch wirklich pünktlich um halb acht mit den Kindern zusammen zu kommen – weil ihm das Ganze sehr wichtig ist.

«Natürlich komme ich pünktlich!»

Jetzt ist es Viertel vor sieben, und ich bin ein ganz klein wenig spät dran, wenn man die 30 Minuten Fahrt einberechnet. Vielleicht weil ich mich fünfmal umgezogen hab, um doch wieder bei dem schwarzen Etuikleid zu landen, dass ich in 90 Prozent solcher Fälle trage. Ich laufe also hektisch nach unten, knöpfe den Blazer zu und rufe: «Seid ihr fertig?»

«Jo!», antworten die Kids.

«Gut! Gott sei Dank, wir sind nämlich echt spät dran ...»

Ich tripple an ihnen vorbei und gleich wieder zurück. Ich starre beide erschrocken an.

«Wie seht ihr denn aus?»

Maximilian steht vor mir in kurzen Hosen, gelbem ausgewaschenen T-Shirt und Flip-Flops. Hannah trägt eine schwarze Hose, ein schwarzes Band-Shirt und ebenfalls Flip-Flops.

«Scheiße! So können wir da nicht hingehen! Der Papa dreht durch!»

Die Kinder sehen mich verständnislos an.

«EY! Wir sind heute im elitären Golfclub!»

«Und?»

Beide sehen fragend an sich runter.

«Nein, nein, nein, so können wir da nicht aufkreuzen! Okay, Maxi, geh rauf, zieh dir ein Hemd an und eine Jeans und SOCKEN und dann die schwarzen Schuhe von der Hochzeit.»

«Hab keine lange Hose.»

«Wie? Du hast keine lange Hose? Wieso hast du keine lange Hose?»

Langsam werde ich ein klein wenig hysterisch.

«Ich hab grad nur drei lange Hosen. Eine hat ein großes Loch am Knie, die anderen sind in der Wäsche.»

«Scheiße. Sind die nass? Sind die schon gewaschen?»

«Weiß nicht...»

Maximilian bleibt nach wie vor gechillt.

«Geh und schau nach!»

«Okaaaay...»

«SCHNELL!»

Der macht mich wahnsinnig!

«Okay, Hannah...»

Was mach ich jetzt mit der? Denk nach! Denk nach!

«Zehn Euro, wenn du das Kleid von der Hochzeit anziehst!»

«Nope, no way!»

Mist!

«Zwanzig Euro!»

«Mama, ich zieh auf gar keinen Fall dieses endpeinliche Kleid an!»

Hannah sagt das so bestimmt, dass mir klarwird, dass jeder weitere Versuch zwecklos ist.

«Okay, dann zieh eine Jeans und ein weißes T-Shirt an, ja?»

«Mein Gott, jetzt mach doch nicht so'n Hype!»

Sie schlurft nach oben.

«Und setz eine Mütze oder so was auf! Wegen der Haare!», rufe ich ihr hinterher.

Währenddessen ist Maximilian wieder gekommen. Er trägt sein weißes Hemd, Socken und die Hose, die eigentlich schon bei der Dreckwäsche lag.

«Mama, ich weiß nicht, ob das geht – die Hose riecht schon ein bisschen...»

«Lass mal schnuppern. OAAHHH! Okay, okay, okay. Mmmh... hol mal mein Deo!»

Er läuft also rauf, während der Schlumpf wieder runterkommt.

«Und, besser?», fragt sie genervt.

Ja, toll ist es nicht, aber mehr ist, glaub ich, nicht rauszuholen.

«Nimm eine Mütze mit!»

«Warum? Ist doch nicht kalt!»

«Wegen der blauen Haare! Dass die ein bisschen abgedeckt sind. Denk mal an den Papa!»

«Boah, Mom... jetzt chill mal.»

Maximilian kommt wieder runter mit dem Deo in der Hand.

«Okay! Warte», weise ich ihn an.

Ich sprühe die gesamte Hose, von oben bis unten sowie auf Vorder- und Rückseite, mit dem Deo ein, das verspricht, sehr neutral zu riechen. Erneuter Geruchstest an der Hose.

«Ja, okay, geht! Jetzt aber ganz schnell Schuhe anziehen! Richtige Schuhe!», füge ich noch warnend hinzu.

Wir fahren also wie der Teufel zum Golfclub und sind auch fast pünktlich (15 Minuten zu spät). Mein Mann kommt uns entgegen und sagt: «Da seid ihr ja endlich!»

Dann schaut er auf die Kinder und nimmt mich zur Seite.

«Hättest du nicht drauf schauen können, dass die anständig angezogen sind?»

Im Büro

Von: Maximilian
Betreff: dringend bearbeiten!!!!

Bitte in umpa-lumpa artiger Geschwindigkeit bearbeiten!!!!!!!!!!!!!!!!!!!!
http://www.hempedi.com/logn.php!currency=EUR
der ist sogar gesund :D

Was ist das denn? Ich klicke auf den Link. Ein Hanfsirup! Der will, dass ich ihm Hanfsirup bestelle! Spinnt der? Was soll das denn? Wofür? Gott, gehen mir die Kinder auf den Keks! Echt! Immer so ein Mist! Wie kommen die immer auf solche Ideen?

Von: Mama
Betreff: Re: dringend bearbeiten!!!!

Kannst du bitte deine scheiß Drogen auch bei deinem privaten Dealer kaufen und nicht bei mir????????????

Von: Maximilian
Betreff: Re: Re: Dringend

MAMA!!!! Das ist Sirup! Das ist voll legal! Auch bei uns!!! Das hat keine berauschende Wirkung! Krieg dich mal wieder ein, daß ist alles voll gechilled .... du bist immer gleich voll hysterisch.

Von: Mama
Betreff: Re: Re: Re: Dringend

Dann kauf gechillten ORANGENSIRUP oder HOLUNDERSIRUP! Den muss ich dann auch nicht bestellen. Den gibt's nämlich beim Edeka UM DIE ECKE!
DAS ist gechillt.

MANCHMAL HILFT NUR ALKOHOL

Im Büro

Von: St. Michael Gymnasium
Betreff: Notenbild Ihres Sohnes Maximilian

Sehr geehrte Frau Denk,
leider müssen wir Ihnen mitteilen, dass sich das derzeitige Notenbild Ihres Sohnes Maximilian, trotz Wiederholens der Klasse, nicht gebessert hat. Laut dem derzeitigen Leistungsstand wird Maximilian das Klassenziel inhaltlich nicht erreichen. Wir haben in der Lehrerkonferenz Maximilians Fall diskutiert und sind einstimmig der Meinung, dass er, auch aufgrund seiner Leistungsbereitschaft, auf der Realschule besser aufgehoben wäre.
Bitte diskutieren Sie die gegenwärtige Situation innerhalb Ihrer Familie und setzen Sie sich zeitnah mit der Klassenleitung in Verbindung.
Gerne kann ich Ihnen ein Beratungsgespräch mit unserem Schulpsychologen anbieten.
Sie können auch jederzeit einen Termin für ein Gespräch mit mir machen.
Mit freundlichen Grüßen
Jens Mayer
Stellv. Direktor

Oh Mann, jetzt ist es so weit. Er hat's also echt voll vermasselt. Scheiße! Und mir war das so wichtig mit dem Gymnasium für ihn. Der sollte doch den bestmöglichen Start ins

Leben haben. Ich könnte heulen. Ich hätte ihn mehr fördern sollen. Oder ich hätte strenger sein sollen. Irgendwas anders machen. Aber jetzt ist es zu spät...

Abends

Ich kann mich dieses Mal gar nicht verstellen oder irgendwas kompensieren. Als mein Mann mich fragt, was los sei, fange ich direkt an zu heulen und erzähle ihm alles. Er nimmt mich in den Arm und tröstet mich. Anschließend machen wir eine Flasche Wein auf und führen ein langes, ernstes Gespräch. Irgendwann ist die Flasche leer, und wir machen eine zweite auf. Schön langsam sehe ich die Sache weniger kritisch.

«Schau, Schatzi», sagt mein Mann «alle wollen doch, dass ihre Kinder studieren. Es gibt eh viel zu viele Studenten. Und wenn man einen anständigen Handwerker braucht, muss man ewig warten. Die gibt's viel zu wenig. Man muss ja immer gegen den Trend überlegen. Weißt du, wie an der Börse. Wenn es dann zu viele Studenten gibt und keine Handwerker, und ER macht dann seinen Meister... Und er kann gut mit den Leuten reden, das kann er wirklich. Dann kann der einen super erfolgreichen Betrieb auf die Beine stellen.»

Ja, das stimmt schon. Bekannte von uns haben drei Söhne. Zwei haben studiert und wurden beide sehr erfolgreich. Einer wurde Anwalt, der andere Diplomat! Der dritte wollte nicht aufs Gymnasium. Partout nicht. Er war der Einzige in der fünften Generation der Familie, der keinen Hochschulabschluss hatte. Entsprechend entsetzt war seine Familie. Aber er hat sein Ding durchgezogen. Und heute? Heute ist er der Erfolgreichste in der Familie. Er hat eine Landschaftsgärtnerei gegründet und mittlerweile 20 Mitarbeiter und macht das meiste Geld von allen drei Söhnen. So ist das. Der wurde megaerfolgreich mit seinem qualifizierten Hauptschulabschluss. Und auch glücklich.

Mein Mann hat ja recht. Er hat die Gabe, die Dinge mit Abstand zu betrachten und nicht so emotional zu sehen wie ich. Und das lehrt ja doch auch die Erfahrung eines reifen Lebens: Lass zwei, drei Wochen ins Land gehen, oder auch länger, dann siehst du die Dinge anders. Mein Schwiegervater sagt bei einem Problem immer lächelnd: «No, das renkt sich schon wieder ein.» Klopf, klopf auf den Rücken. Mein Mann ist viel klüger als ich. Er kann das Problem mit Maximilian mit Abstand sehen und erkennt: Das gibt sich schon.

Währenddessen bin ich der kleine hysterische Hamster, der im Kreis rennt. Mich stresst das wirklich, und ich kann das alleine überhaupt nicht mit Abstand betrachten. Aber er hilft mir dabei, die Dinge wieder gradezurücken. Irgendwann schweifen wir in der Diskussion auch ab, ein Thema ergibt das andere, es wird immer lustiger, und wir lachen und entspannen uns (und eigentlich haben wir auch schon einen sitzen). Schließlich lachen wir beide Tränen, als wir uns an früher erinnern. Als die Kinder noch nett und klein waren. Und wir lachen (auf eine nette Art) auch über unsere Freunde, die kleine Kinder haben und für die schon der Kindergarten problematisch ist, und ihre super Sorgen. Wir denken uns natürlich: Wenn ihr wüsstet! Jetzt ist es easy. Die schwierige Zeit kommt erst noch. Und die Zeit wird zehnmal schwieriger! Jetzt ist es grad gechillt für euch.

Mittlerweile sind wir ziemlich beschwipst, aber mir geht's echt besser. Es gibt Momente im Leben, da muss man sich einfach betrinken. Als meine Freundin die Diagnose Brustkrebs bekam, saßen wir zusammen und haben ernst geredet. Irgendwann hat sie gesagt: «Ich brauch jetzt einen Schnaps.»

«Ich trink einen mit!», hab ich gesagt.

Wir redeten und redeten, nach kurzer Zeit schenkte sie sich noch einen ein.

«Ich trink noch einen mit!»

Und das Gespräch wurde schon entspannter.

«Noch einen?»

«Jo!»

SMS unter dem Tisch an meinen Mann: «Kannst du mich später abholen ☺ kann nicht mehr fahren.» – «Okay! Wann?» – «Danke, geb dir in der nächsten halben Stunde Bescheid! Bist ein Schatz!»

Es wurde ein langer Abend, und wir redeten und redeten. Trotz der schlechten Nachricht lachten wir auch viel, und dann haben wir ein bisschen geweint. Aber am späten Abend war die Flasche leer, und wir waren beide ziemlich angeschickert. Unterm Strich war das das Beste, was wir an diesem Abend machen konnten. Meiner Freundin hat das wirklich geholfen, bei dieser Nachricht ganz ungehemmt reden zu können. Ich glaube, besser kann man einen Abend mit so einer Nachricht nicht hinbekommen.

Und so ist es eben auch heute Abend. Ich weiß aber auch, was für ein Glück ich mit meinem Mann habe, der sich trotz seines langen Arbeitstages hinsetzt, sich engagiert und die Kinder ernst nimmt und mich auch. Der mir zuhört und auf meine Sorgen bezüglich der Kinder eingeht. Da hab ich wirklich Glück. Und die Kinder auch, aber denen ist das natürlich gar nicht bewusst.

Jetzt geht's mir besser. Und das liegt an meinem Mann. Der ist nämlich so was von gechillt!

Nächster Tag, im Büro

Von: Hannah
Betreff: Question

Hi Mom!
Ich muss nachher zu Onkel Christan fahren weil der hat ein paar Alben für mich zum rüberziehen auf den PC. Welchen Bus muss ich'n da nehmen und wann fährt der los??
Thanks!

Von: Mama
Betreff: Re: Question

Lös das Problem wie ein Erwachsener und google das!

Von: Schatzi
Betreff: Brille

Hallo Schatzi!
Kannst du mir bitte die Lesebrille bestellen? Einmal in Schwarz und einmal in Schwarzsilber.
Dankeschön und bis später!
Viele liebe muhzige Küsschen!

Von: Göttergattin
Betreff: Re: Brille

Okay! Ist erledigt.
Viele liebe muhzige Küsschen zurück!

Von: Maximilian
Betreff: muzi di muzmuz

Mal kurz chilln und zeit nehmen. Es geht um voll geile you tube videos. :D die ham über ne halbe millionen abos!!
http://www.youtube.com/watch?ih=987HJHG)OI
http://www.youtube.com watch?k=09OIJ=)JOIH
das unbedingt anschaun!! :D
http://www.youtube.com/watch?d=LJ9JP9lj98904d
Und noch eins falls es Arbeitskollegen gibt die so was mögen
http://www.youtube.com.watch?v=023374TDRJiu98

Abends

Hannah sucht seit Wochen einen Job, sie braucht Geld. Allerdings mangelt es ihr ein bisschen an Ideen, der Job kommt ja nicht von selber, und man muss schon etwas Engagement aufbringen. Und dann muss die Arbeit auch noch nach Hannahs Geschmack sein:

Babysitten – «Nee, ich komm mit kleinen Kindern nicht klar.»

Zeitung austragen – «Hat die Kathi mal gemacht, das is voll der Scheiß.»

Älteren Leuten helfen – «Nee, ich komm mit Alten nicht so klar.»

Gartenarbeit – «Das kann ich nicht. Da bin ich nicht talentiert.»

Putzen – «Auf gar keinen Fall!»

Da bleibt halt nicht mehr so viel übrig an Möglichkeiten. Vorschlägen wie doch mal zu Tengelmann zu gehen und da nachzufragen wurde missmutig nachgegangen. Aktuell hat sie immer noch keinen Job, jammert aber jeden Tag darüber. Jeden! Seit Wochen studiere ich in jeder Lokalzeitung den Stellenmarkt, ob da was für Hannah dabei ist. Ich blättere also nach dem Abendessen noch kurz unseren *Kreisboten* durch, als Hannah an mir vorbeigeht, um ihr Lieblings-T-Shirt aus dem Trockner zu holen.

«Was machst du da?», fragt sie mich.

«Ich schau in den Stellenanzeigen nach einem Job für dich!»

Sie bleibt wie angewurzelt stehen, schaut mich an.

«Das ist ja 'ne geile Idee!»

«Hast du deshalb noch nie in die Zeitung geschaut, oder was?»

«Nö. Bin ich nicht draufgekommen...»

Später

Ernstes Dreiergespräch mit Maximilian bezüglich der Schule. Er will nicht auf die Realschule.

«Maxi, du hast vier Fünfer und zwei Sechser. Vergiss es! Das wird nichts mehr. Du musst jetzt zum Halbjahr wechseln, sonst verlierst du noch mehr Zeit. In der Realschule sind die Fächer etwas anders. Du musst eh schon einiges nachlernen. Sonst wird das noch mehr!»

«Nein! Ich schaff das Gymnasium. Ich lern jetzt – versprochen!»

«Ich kann's nicht mehr hören, wie oft du mir das schon versprochen hast. Ich glaub dir kein Wort!»

«Nee, jetzt ernsthaft. Jetzt lern ich!»

«Du willst dir doch nur ein gechilltes halbes Jahr machen, in dem du noch mit deinen Kumpels zusammen bist!»

Mein Mann nennt die Dinge gleich beim Namen.

«Nein!», sagt Maxi leicht übertrieben.

«DOCH! Genau so ist das! Wir lassen uns von dir jetzt nicht mehr an der Nase rumführen! Seit drei Jahren sagst du uns, dass du jetzt lernst, und NIE hast du was gemacht! Wir haben Tausende von Euro in Nachhilfe für dich investiert, und es hat NIX gebracht. Und jetzt willst du uns erzählen, dass du vier Fünfer und zwei Sechser aufholst? Mit zwei Sechsern in den Hauptfächern?»

Mittlerweile reicht's mir.

«Ja!», sagt Maxi im Brustton der Überzeugung. «Ich schaff das.»

«Nein. Jetzt ist Schluss. Du gehst auf die Realschule. Die Lehrer haben uns schon zum Jahreszeugnis gesagt, dass das bei dir nichts mehr wird. Und sie hatten recht! Aber wir haben dir geglaubt, als du gesagt hast, du lernst und schaffst das! Und das war ein Fehler. Jetzt bist du ja noch mal so was von abgerutscht! Obwohl du die Klasse wiederholst! Jetzt ist einfach der Punkt gekommen, an dem man einsehen muss, dass es nichts bringt. Du gehst ab nächster Woche auf die Realschule. Das ist entschieden. Wir müssen mit dir zusammen überlegen, in welchen Zweig du gehst.»

«Max. Es bleibt dabei!», fügt mein Mann ernst hinzu.

«Entscheidet ihr zwei das jetzt, oder was? Und ich hab kein Stimmrecht?»

Langsam wird er etwas aggressiv.

«Du entscheidest auf der Grundlage, ob du bei deinen Kumpels bleiben kannst! Nicht auf der Grundlage, was das Beste für dich ist!»

«Und?»

Maxi fixiert meinen Blick.

«Das ist eine blöde Entscheidungsgrundlage», presse ich zwischen den Lippen hervor.

«Findest du?», fragt Maxi und schaut mich streitlustig an.

Ich kann mit dem nicht reden! Ich kann mit dem im Moment einfach nicht reden. Der ist wie vernagelt. Und der redet so einen Scheiß – wie soll man da vernünftig diskutieren? Den kann man doch nicht ernst nehmen. Der ist doch voll im Hormon-Dschungel!

«Maxi. Das bringt einfach nichts mehr auf dem Gymnasium! Du hast nur ein halbes Jahr Zeitverlust!»

«Doch, tut's!», sagt er stur.

Ich lehne mich zurück und atme tief durch.

«Es ist nur wegen deinen Kumpels, oder?»

«Ja!»

«Das ist doch nicht dein Ernst?»

Jetzt reicht's auch meinem Mann, der bis dato versucht hat, sich zurückzuhalten.

«Doch!»

Wir atmen beide tief durch und versuchen, ruhig zu bleiben.

«Wir haben uns entschieden. Da gibt's nichts mehr dran zu rütteln», erklärt er Maximilian.

Der steht wutentbrannt auf und sagt: «JA, SCHÖN, dass ihr zwei entschieden habt, meine ganze Zukunft wegzuwerfen!», bevor er die Treppen raufstapft und die Türe zu seinem Zimmer zuschmeißt.

Ich springe direkt auf Richtung Treppe, um ihn deswegen auszuschimpfen (ich hasse es, wenn jemand Türen zuwirft – das akzeptiere ich nicht), aber mein Mann hält mich am Arm.

«Diesmal nicht. Lass ihn ...»

Wahrscheinlich hat er recht. War eh schon ein scheiß Gespräch, ist uns irgendwie total entglitten. Oh Mann ...

KLUGE RATSCHLÄGE

Abendessen

Die Eltern meines Mannes sind zu Besuch gekommen. Es ist immer ziemlich schwierig, für die beiden ein geeignetes Essen zu finden, weil:
1. Opa Günther kein Gluten verträgt.
2. Oma Ilse keine Zwiebeln, Knoblauch, Sellerie, Tomaten, Senf, Rucola, Fisch und Nüsse verträgt und Schinken nur von ihrer Stamm-Metzgerei isst. Außerdem muss alles laktosefrei sein, bis auf Sahne, die verträgt sie aus irgendeinem nicht nachvollziehbaren Grund.
3. Beide Probleme mit den Prothesen haben (das Essen muss also weich sein).
4. Nur bekannte Gerichte gegessen werden, neue oder unbekannte Gerichte werden grundsätzlich abgelehnt («So was essen mia ned...»).

Deswegen gibt es heute Hühnersuppe. Für Hannah gibt es Käsetoast. Nach einiger Zeit verkrümeln sich die Kinder. Das Gespräch ist recht lustig. Momentan geht es um die Jugendsünden meines Mannes. Er erzählt, was er so als Teenager alles angestellt hat. Das reicht von Mopedfahren ohne Führerschein über Nummernschildfälschen bis zu aus Versehen den Schuppen anzünden. Wir lachen Tränen, während er – unterstützt von blumigen Anekdoten seiner Eltern – erzählt.

Ich erzähle auch einige Dinge, die ich mir geleistet habe,

ebenfalls schwarz Moped gefahren, außerdem mit 15 total betrunken heimgekommen und Riesenparty mit einigen Verwüstungen im elterlichen Haus feiern. Wenn ich so drüber nachdenke... Dagegen sind das, was die Kinder machen, ja Peanuts! Wenn der Maximilian ohne Führerschein fahren würde – ich würde durchdrehen! Oder wenn die Hannah betrunken heimkommen würde! Oder wenn die hier eine Party feiern würden, wenn wir mal nicht da sind. Das hätte Konsequenzen – aber hallo!

Im Vergleich zu uns sind die Kinder wirklich brav. Von den beiden hat eigentlich noch nie einer etwas Schlimmes gemacht, wenn man so drüber nachdenkt. Hm...

Nächster Abend

Ich lese einen Bericht im *Spiegel*. Es geht um DAS neue Erziehungsbuch. DAS Erziehungsbuch des vergangenen Jahres wurde von der «Tigermutter» geschrieben. Sie war Professorin an irgendeiner amerikanischen Universität und plädierte dafür, wir sollten unsere Kinder zu Höchstleistungen antreiben ohne Rücksicht auf deren Gefühle. Dieses Jahr wurde DAS neue Erziehungsbuch von einer Pädagogin geschrieben, die unter anderem an einer kanadischen Universität als Professorin tätig ist. Es geht darum, dass man seine Kinder mit Liebe aufziehen und ihnen den Rücken stärken soll. Dann läuft alles wie von selber. Ist also alles sehr easy, und die gute Frau versteht, ehrlich gesagt, die Probleme der anderen Mütter auch gar nicht. Natürlich hat sie auch einige Ratschläge parat!

So sagt sie zum Beispiel, darauf angesprochen, was man

machen solle, wenn das Kind die Hausaufgaben nicht zuverlässig erledigt, man müsse ganz einfach zu ihm sagen: «Jetzt überleg doch mal! Wofür könnten Hausaufgaben denn wichtig sein?» Ist doch ganz einfach. Dann macht das Kind sich selbst Gedanken und kommt irgendwann eigenständig zu dem Schluss: Ja Mensch! Die hat recht! Hausaufgaben sind wichtig!

Oder wenn der Sohnemann betrunken heimkommt, setzt sich die schlaue kanadische Autorin einfach hin und sagt zu ihm: «Hör mal, was würdest du denn deiner kleinen Schwester zum Thema Alkohol raten?» Aber hallo, unsere Autorin ist eine ganz Ausgefuchste! Dem Sohn fällt es durch diese kluge Taktik wahrscheinlich wie Schuppen von den Augen, und er wird seinen Umgang mit Alkohol nun vernünftiger gestalten!

Ich kann gar nicht glauben, was die für einen Müll schreibt! Der Quatsch funktioniert doch in hundert Jahren nicht. Und so ein Buch kaufen die Leute und glauben das auch noch? Am Ende des Interviews lese ich, dass die Kinder der Autorin acht und neun Jahre alt sind. Ha! Die hat keine Ahnung! In dem Alter sind die Kinder ja noch easy! Die weiß schlichtweg nicht, wovon sie redet! Die hat keinen blassen Schimmer. Die Tussi soll sich mal in fünf Jahren bei mir melden. Bin gespannt, ob ihre tollen Erklärungen dann immer noch so gut funktionieren. In der Zwischenzeit könnte ich ihr ein paar Tipps geben. Der erste wäre: Chill mal! Würde die Alte aber wahrscheinlich nicht kapieren ...

DA BAHNT SICH WAS AN ...

Im Büro:

Von: Hannah
Betreff: Jetzt dreh nicht gleich durch!

Hallo Mothership!
Jetzt dreh nicht gleich durch okay???
Ich hätte gerne ein Hormonimplantat. Die Kathi hat ja jetzt seit drei Monaten einen Freund und letzte Woche hat sie schon gedacht, dass sie schwanger ist und so was kann ich gar nicht brauchen, ehrlich gesagt.
Aber dreh jetzt nicht gleich durch!!! Alles halb so wild.
Over and Out

Von: Mama
Betreff: Re: Jetzt dreh nicht gleich durch!

Ich glaub, ich dreh durch! Hast du einen Freund, oder was? Wieso weiß ich nichts davon?
Wer ist das? Woher kennst du den? Wie alt ist der? Was macht der so?
Der soll sich gefälligst mal vorstellen!
Ich glaub ich dreh durch!!
Nix over and out!

Von: Hannah
Betreff: Re: Re: Jetzt dreh nicht gleich durch!

Boah, ich hab gewusst dass du gleich wieder voll überreagierst! Ich hab noch keinen Freund aber da bahnt sich was an ...

Von: Mama
Betreff: Re: Re: Re: Jetzt dreh nicht gleich durch!

Kannst du das bitte mal etwas ausführlicher erklären (siehe Fragen 1–7)?

Von: Hannah
Betreff: Re: Re: Re: Re Jetzt dreh nicht gleich durch!

Mom ... Jetzt bleib mal gechillt.

Ich glaub, ich dreh durch.

Abendessen

Ich mache Salat mit Putenbruststreifen. Nur das. Weil beide Kinder beleidigt sind und sich nachmittags irgendwelches andere Zeug reingezogen haben und jetzt, zu meiner Strafe, keinen Hunger mehr haben. Wir sitzen also zu zweit am Tisch, essen und unterhalten uns ein bisschen. Die Stimmung ist ziemlich gedämpft.

«Jetzt mach dir nicht so viele Sorgen, Schatz. Das wird

alles schon wieder. Das ist ganz normal, das geht anderen Eltern auch so.»

«Ich weiß ja. Aber irgendwie sehe ich im Moment nicht, wie aus denen mal was werden soll. Das ist, als hätte man den Erziehungsauftrag versaut, oder? Wenn die Kinder ein Firmenprojekt wären, dann hätten wir zwei das Projekt versaut. Das Projekt wäre aufgrund von Unfähigkeit unsererseits als gescheitert erklärt worden. So sieht's doch aus.»

«Nein, nein, nein. Das Projekt hat nur einen Hänger. Es ist auf lange Sicht geplant!»

Frühstück

Die Kinder gehen ohne Frühstück aus dem Haus. (Natürlich auch wieder beide! Ich glaub's nicht! Das sprechen die doch seit Jahren so ab, oder? Um mich zu ärgern. Kann gar nicht anders sein!) So weit sind wir jetzt. Jetzt frühstücken sie gar nicht mehr. Egal, was ich ihnen anbiete. Ich hasse das!

Später gehe ich rauf, um die schmutzige Wäsche bei den Kindern vom Boden aufzulesen, als mir eine Geldkassette in Maximilians Zimmer auffällt. Der Schlüssel steckt. Ich mach die Kassette auf. Darin liegen gut zwanzig Beutelchen mit getrockneten, klein gemahlenen Kräutern. Außerdem ein kleine Pfeife aus Holz, ein Päckchen Tabak, Zigarettenpapier und ein Feuerzeug. Was ist das denn alles? Raucht der? Aber das hätte ich doch gerochen, oder? Was sind denn das für Kräuter? Und wieso diese kleine Pfeife? Himmel! RAUCHT DER? Ist jetzt Pfeiferauchen cool, oder was? Nein, das kann ich mir nicht vorstellen. Was mach ich denn jetzt? Ich weiß gar nicht, wie ich darauf reagieren soll. WAS

IST DAS ALLES? Ich spüre den Beginn einer leichten Panikattacke...

Jetzt leg ich erst mal alles wieder zurück, damit er nicht merkt, dass ich das gefunden habe. Und dann überleg ich mir in Ruhe, was ich jetzt am besten mit dem mache. Ruhig! Erst mal beruhigen!

Abends

Nach dem Abendessen laufe ich rauf zu Hannah.

«Du, Hannah, kann ich mal mit dir reden?»

«Klar!»

«Ich hab da beim Maxi so Kräuter und eine Pfeife gefunden. Weißt du, was das ist?»

Sie wird ganz blass und ernst.

«Nein», sagt sie kurzangebunden.

«Komm schon! Raus mit der Sprache! Ich seh dir doch an der Nasenspitze an, dass da was nicht stimmt. Das ist doch wohl kein Gras, oder?», sag ich lachend.

Hannah wird ganz nervös und will plötzlich gar nichts mehr sagen.

«Mama, komm schon, ich will jetzt nicht meinen Bruder verpetzen. Du hast es ja eh schon gefunden, also halt mich da bitte raus.»

Ich sitze ihr völlig perplex gegenüber. Das ist GRAS da drüben? Der kifft? Der nimmt Drogen? Das darf nicht wahr sein. Gestern habe ich einen Artikel über Crystal Meth gelesen. Der Text war ganz furchtbar. Mein Gott, der ist 15! Wenn der jetzt schon Marihuana raucht – was macht der dann mit 17? Völlig schockiert gehe ich aus dem Zimmer und setze mich im Wohnzimmer neben meinen Mann. Der schaut grad eine Auto-Sendung, er schaltet aber sofort erschrocken aus, als mich ansieht.

«Schatzi! Geht's dir nicht gut? Du bist ja weiß wie die Wand!»

«Du, der Maximilian kifft!»

«Was?!»

Ich erzähle ihm also den Sachverhalt, und mein Mann ist genauso schockiert und hilflos wie ich. Da hilft heute auch keine Flasche Wein mehr...

Ich hatte seit meiner Grundschulzeit eine einzige beste Freundin, Michaela. Wir waren unzertrennlich. Wir saßen in der Schule nebeneinander, und wir sind zusammen heimgegangen. Nach dem Mittagessen haben wir telefoniert und uns anschließend getroffen. So lange, bis die Erste von uns heimmusste. Nach dem Abendessen haben wir noch mal zwei Stunden telefoniert. Später, als älter waren und auch abends weggehen durften, hat immer – aber auch wirklich immer – eine das gesamte Wochenende bei der anderen geschlafen. Von Freitagabend bis Sonntagabend. Meistens waren wir bei Michaela. Sie hatte noch drei jüngere Geschwister, und die Eltern waren froh, wenn sie sich um uns nicht kümmern mussten. Da fiel keinem auf, wenn es auch mal richtig spät wurde. War natürlich super für uns.

Und wir haben auch viel Scheiß gemacht. Wir haben geraucht und Bier getrunken. Später haben wir dann oft Malibu Kirsch und Wodka Lemon getrunken. Kam auch mal vor, dass eine betrunken war, dann hat die andere dafür gesorgt, dass die Eltern nichts merken, und beim Kotzen die Haare gehalten. Wir waren die besten Freundinnen und haben uns alles erzählt. Wirklich alles. Eines Tages waren wir in einer ziemlich üblen Kneipe und im Gespräch mit einem Typ, in den Michaela verknallt war. Er fragte uns also, ob wir mit ihm draußen «einen durchziehen» wollen. Ich sagte nein. Ich hatte, damals wie heute, echt Respekt vor Drogen. Und Marihuana galt damals noch als Droge und wurde bei weitem nicht so bagatellisiert wie heute. Michaela ging mit. Und das war der Wendepunkt.

Sie kam mit dem Typen zusammen und hat immer mehr gekifft. Irgendwann haben sie auch synthetische Drogen genommen. Dann ging die Beziehung mit dem Typen in die Brüche, und sie kam mit einem seiner Freunde zusammen. Der hat schon mal gekokst, und es hat nicht lange gedauert, da haben sie das gemeinsam gemacht, und zwar ziemlich regelmäßig. Bei dem blieb sie dann. Wir haben uns immer mehr entfernt voneinander. Ich konnte einfach mit diesen Leuten nichts anfangen. Und ich hatte auch Angst davor, dass ich irgendwann umfalle und sage: «Scheiß drauf, ich probier's mal aus», und in den gleichen Teufelskreis gerate.

Irgendwann hab ich dann meine Kinder bekommen, und von da an waren wir eigentlich gar nicht mehr befreundet, wir haben uns nur zufällig gesehen. Ich hab Michaela immer um ihre Figur beneidet – aber jetzt wurde sie immer dicker. Ich traf sie beim Einkaufen mit fettigen Haaren und Jogginghose. Außerdem fielen ihr die Zähne aus. Und weil die Kokserei auch nicht ganz billig ist, hatte sie kein Geld für einen Zahnersatz. Irgendwann hat sie den Typ geheiratet. Sie verlor ihre Stelle und wurde arbeitslos. Heute leben sie in einer Zweizimmerwohnung. Sie hat zwar wieder einen Job, und ich glaube, er sogar auch, trotzdem ist das kein wirklich schönes Leben, das die zwei da führen.

Was sie für Möglichkeiten hatte! Michaela war in der

Schule immer besser als ich. Und dann hat sie eine falsche Entscheidung getroffen, und ihr ganzes Leben ging den Bach runter. Wegen einer falschen Entscheidung! Das ist erschreckend.

Mein Schwiegervater sagt immer zu mir: «So darfst du das nicht sehen! Das ist wie bei einem Baum: Wenn der Grundstock gesund ist, der immer gut gegossen wurde, die Erde gut ist, in der er steht, und immer mal wieder einer sich kümmert und den Baum auch düngt – dann macht dem auch ein Schädlingsbefall nichts aus. Wohingegen ein Baum mit einem schlechten Grundstock, der in nahrungsarmer Erde steht und um den keiner sich kümmert und ihn gießt und düngt – der wird an einem Schädlingsbefall viel eher eingehen!»

Kluger Mann, mein Schwiegervater! Ich muss trotzdem dauernd an meine Freundin denken und daran, wie ihr Leben verlaufen ist. Und vielleicht auch, wie knapp es war, dass es mir genauso geht. Wie knapp ist das jetzt bei Maximilian?

GANZ EXTREM UNGECHILLT

Frühstück

Wir haben den vorläufigen Schlachtplan entwickelt, uns erst mal gar nichts anmerken zu lassen und zunächst mit jemandem zu reden, der von so was Ahnung hat. Ich hab einen alten Kumpel, der arbeitet mittlerweile bei der Kripo und ist echt okay. Und ich weiß, dass der früher auch ab und zu mal einen Joint geraucht hat. Der kann die Situation sicher gut einschätzen.

Ich glaube, ich tue Hannah ein bisschen leid. Sie hat sofort das von mir angebotene Marmeladenbrot akzeptiert, sitzt mir gegenüber und versichert während des Frühstückens, dass die Marmelade sehr lecker sei.

Maximilian kommt die Treppe runter, sagt «Servus» und geht. Er ist immer noch ziemlich sauer wegen der Realschul-Sache.

Als Hannah später geht, kommt sie vorher noch zu mir und meinem Mann und tätschelt uns beiden aufmunternd die Schulter. Dankbar drücke ich ihre Hand. Ist auch wieder nett von ihr!

Später telefoniere ich dann mit meinem Kumpel von der Polizei und beschreibe ihm meinen Fund in Maxis Zimmer.

«Und wie viele Tütchen waren da drin?»

«Ja, weiß nicht ... so zwanzig vielleicht.»

«Und da waren überall kleine Kräuter drin?»

«Ja, hat so ausgesehen.»

«Hör mal, dein Mäxchen hat sich das falsche Geschäft aufgebaut. Der vertickt das Zeug!»

«WAS?»

«Na, überleg doch mal. Der hat das Kraut in zwanzig kleinen Tütchen. So lagert man das doch nicht für den Eigenbedarf. Ist auch viel zu viel für den Eigenbedarf. Der vertickt das! Geschäftstüchtig war er ja schon immer, schon als er klein war, hat er mir immer die Golfbälle, die er gefunden hat, verkauft. Er hat sie mir eigentlich völlig überteuert angeboten! Er war schon immer ein kluges Kerlchen mit einem ausgeprägten Geschäftssinn. Aber diesmal ist er ins falsche Business eingestiegen.»

Mein Gott! Das darf doch nicht wahr sein! Ein Schock folgt auf den nächsten. Mein Maximilian ist ein DROGENDEALER! Was passiert denn hier? Wie kann es sein, dass er sich in so kurzer Zeit von einem netten Jungen zu einem Schwerverbrecher verwandelt hat?

Ich muss richtig heulen am Telefon, und mein Kumpel hat Mühe, mich so weit zu trösten, dass ich wieder einigermaßen sprechen kann. Er erklärt mir, was das alles für Konsequenzen hätte für Maximilian. Falls ihn jemand erwischt. Das geht dann von Führerscheinsperre über Eintrag in das polizeiliche Führungszeugnis wegen Verstoß gegen das Betäubungsmittelgesetz und endet bei Sozialstunden und eventuell Jugendknast. Hilfe! Das darf doch alles nicht wahr sein! Das ist doch ein schlechter Traum! Mein Kumpel beendet schließlich das Gespräch mit dem Rat, das Zeug so schnell wie möglich zu entsorgen und mit Maximilian eine Beratungsstelle aufzusuchen.

Als ich meinen Mann anrufe, ist der genauso entsetzt wie ich. Ich muss auch gleich wieder weinen.

«Komm, Schatzi, jetzt mach dir nicht zu viele Sorgen. Lass uns morgen in der Früh, wenn der Maximilian weg ist, die Kiste zusammen mal genauer anschauen. Im Endeffekt weißt du ja gar nicht genau, was du da gesehen hast. Okay? Kopf hoch! Die Welt dreht sich schon irgendwie weiter.»

Nein. Für mich dreht sich die Welt heute, glaub ich, nicht mehr weiter. Bitte, lieber Gott, lass das alles nicht wahr sein!

Abends

Ich komme nach Hause und verstaue die Einkäufe, als eine nervöse Hannah plötzlich neben mir steht.

«Äh, Mom. Hast du kurz Zeit?»

«Ja, klar. Was ist los?»

«Ich weiß, es ist grad ein schlechter Zeitpunkt, aber mein neuer Freund würde nachher kurz vorbeikommen. Der holt mich ab, ins Kino!»

«Mein Gott, Hannah ... Ich bin heute eh schon ein nervliches Wrack.»

«Weiß ich ja. Aber wir haben uns halt für heute verabredet. Du musst ihn ja nicht anschauen.»

Doch! Ich befürchte, ich muss ihn anschauen, denk ich mir resigniert.

Später läutet es an der Tür. Hannah rennt direkt an mir vorbei, um schnell zu öffnen. Ich gehe ihr hinterher. Hannah öffnet die Türe, und draußen steht ein junger Mann von circa 20 Jahren. Er hat die Haare teilweise grün und teilweise schwarz gefärbt. Er hat all die Piercings, die wir Hannah nie erlaubt haben, und noch ein paar mehr. Er ist von oben bis unten schwarz angezogen. Und trägt schwere schwarze

Stiefel. Hannah und er geben sich einen kleinen Kuss. Auf den Mund! Ich glaub, ich seh nicht recht.

Der junge Mann kommt zu mir, gibt mir die Hand und sagt: «Grüß Gott! Ich bin der Michael.»

Ich bin wie gelähmt und bringe nur ein leises «Hallo» raus.

Der Mensch ist der wahr gewordene Albtraum von einem Schwiegersohn! Ich hätt's mir nicht schlimmer ausmalen können. Außerdem ist das ein MANN. Das ist kein Bub, kein Junge und auch kein Teenager. Das ist ein MANN, der da meine 16-Jährige abholt! Der macht wahrscheinlich sonst was mit ihr!

«Also, Mom, wir gehen dann, okay?» Sie drückt mir ein Küsschen auf die Wange und flüstert mir ins Ohr: «Is nich so schlimm, wie's aussieht. Der is voll okay. Alles gechillt!»

Gar nichts ist gechillt, aber auch wirklich gar nichts. Mein Sohn ist ein Drogendealer und meine Tochter ist Satans Braut! Ich stehe völlig unter Schock. Im Moment ist alles ganz extrem ungechillt.

WAS HABEN WIR NUR FALSCH GEMACHT?

Nachts

Zuerst kann ich ewig nicht einschlafen. Ich muss immer wieder an den Bericht über Crystal Meth denken. Und an meine Freundin Michaela. Und ich muss dauernd über die Hannah nachdenken und was für einen Typ die hat. Mein Gott, der ist 20! Und sie ist 16! Ich will gar nicht wissen, was der mit ihr macht. Ich will da drüber nicht nachdenken.

Himmel! Was ist denn mit meinen Kindern passiert? Wie konnte es so weit kommen? Oh Mann, was haben wir nur falsch gemacht?

Wir hatten echt edle Absichten. Wir wollten immer das Beste für unsere Kids. Und jetzt das! Vor einem Jahr war der Maximilian noch ein liebes Kind und die Hannah ein nettes Mädel. Und jetzt ist er Drogendealer? Wie geht das? Und sie! Der Typ hat sie heute Abend wahrscheinlich was weiß ich wo angegrapscht. Mein Gott, womöglich schwängert der sie!

Nein, nein, nein, nicht darüber nachdenken. Ich ertrag das alles nicht mehr. Ich will nichts mehr hören, und ich will über nichts mehr nachdenken. Über gar nichts mehr. Ich will nur noch einschlafen. Mehr nicht. Nur schlafen. Dann ist alles weg.

In der Nacht hab ich ganz wilde Träume: Ich träume, dass Maximilian dreißig ist und in einem gelb verfärbten Unterhemd in einer Gefängniszelle sitzt, und Hannah kommt ihn besuchen, sie hat überall Piercings und Tätowierungen. Daheim in ihrer Drei-Zimmer-Sozialwohnung warten ihre fünf Kinder und ihr arbeitsloser Mann samt dem verwahrlosten Hund.

Nächster Tag, Frühstück

Ich bring keinen Bissen runter. Hannah sitzt da und ist bester Laune. Sie isst drei Honigtoastbrote und wirkt sehr fröhlich. Mein Mann schaut mich immer wieder besorgt an. Wie eine kleine Bombe, die gleich hochgehen könnte. Irgendwann kommt Maximilian runter. Anscheinend ist er nicht mehr sauer wegen unserer Entscheidung bezüglich der Realschule, denn er isst ein Honigtoastbrot und spricht auch etwas. Wir machen gute Miene zum bösen Spiel und tun so, als ob nichts wäre.

«Mama, du isst ja gar nichts.»

«Hab irgendwie einen schlechten Magen...»

Kurze Zeit später machen sich beide auf den Weg in die Schule, und ich hole die Geldkassette aus Maximilians Zimmer. Der Schlüssel steckt Gott sei Dank noch immer. Wir öffnen die Kassette und schauen den Inhalt genauer an. Wir breiten nach und nach die Tütchen vor uns aus. Auf dem einen steht Beifußkraut, auf dem nächsten Lindenblüte. Dann kommt eins mit Korianderwurzel und noch eins mit Mohnblüte. Eines hat keine Beschriftung, ich mache es auf und rieche dran.

«Das ist Gras! Hundertpro. Das süßelt.»

Mein Mann riecht auch dran.

«Ja. Das ist Gras!»

Nächstes Päckchen: unlesbar beschriftet. Irgendeine Wurzel, wir riechen dran.

«Nee, kein Gras. Was meinst du?»

«Nein, das riecht anders, das riecht wie Tee!»

Wir analysieren also alle kleinen Beutel. Unser Ergebnis ist: Es ist ein Beutel mit Marihuana dabei. Der Rest sind irgendwelche komischen Kräuter, von denen wir noch nie im Leben etwas gehört haben. Erst mal bin ich erleichtert – er vertickt das Zeug also nicht. Gott sei Dank, er ist kein Drogendealer. Gott sei Dank...

Tja. Wir wissen jetzt nicht so richtig weiter. Was macht man also als Erwachsener, wenn man nicht weiterweiß? Man googelt. Wir googeln also alle Kräuter und was die so machen, wenn man sie raucht. Und die Ergebnisse sind recht vielfältig. Allen Kräutern wird irgendeine Wirkung nachgesagt: mal beruhigend, mal anregend, mal aufmunternd, mal berauschend. Aber nichts davon ist richtig nachgewiesen. Es geht mehr so in die Richtung: Kann anregend wirken... Hört sich eher homöopathisch an. Alle sind hier in Deutschland legal, es ist aber auch ein Kraut dabei, bei dem davon abgeraten wird, es zu rauchen. Weil die Nebenwirkungen nicht einzuschätzen sind. Bei diesem Kraut wird gerade diskutiert, ob es unter das Betäubungsmittelgesetz fällt.

Fazit unserer morgendlichen Razzia: Es ist nicht so schlimm, wie wir dachten. Es war Gras dabei. Und harmlose Kräuter. Und ein Kraut, das irgendwas dazwischen ist.

Maximilian ist kein Dealer. Aber er probiert irgendwelche bewusstseinsverändernden Sachen aus...

Später

Wir setzen uns mit Hannah zusammen.

«Erzähl mal von deinem Freund.»

«Mom, Dad, der ist wirklich voll okay! Ich weiß, dass der für euch krass aussieht, aber der ist wirklich voll nett. Und er studiert Sozialwissenschaften und möchte später mal mit Behinderten arbeiten. Und er kann Gebärdensprache! Ist das nicht toll? Und der ist ganz lieb zu mir und ganz fürsorglich. Ihr dürft den nicht rein nach dem Äußeren beurteilen! Stellt euch doch mal vor, wenn das jeder bei mir machen würde! Kommt schon, ihr zwei Muhzis! Ihr seid doch im Grunde eures Herzens auch cool und steckt die Leute nicht in Schubladen, sondern bewertet sie fair!»

Ich weiß nicht genau, ob wir im Moment cool sind. Eher nicht ...

Noch später

Ich stehe ganz alleine auf der kleinen Fußgängerbrücke, die über den Fluss in unserer Nähe führt, und lasse Kräuter und Marihuana-Krümel in den Fluss regnen. Die Sonne geht gerade unter und spiegelt sich im Wasser. Ich denke drüber nach, wie unsagbar ich mich gefreut habe, als ich die Kinder bekommen habe. Und wie ich mir geschworen habe, sie vor allem zu beschützen und ihnen ein wirklich glückliches Leben zu ermöglichen. Und der nächste Päckcheninhalt rieselt in den Fluss ... Als die beiden Babys waren – sie waren so verletzlich. Es hat einen so dermaßen im Herzen berührt. Wenn sie gelacht haben, war man glücklich, wenn sie geweint haben, war man tief besorgt. Und noch ein Päckchen ...

Dann im Kindergartenalter. Was hatten wir da Spaß! Wir haben immer etwas unternommen. Im Herbst haben wir Kastanien gesammelt und Kürbisse geschnitzt, im Frühling haben wir Maiglöckchen gepflückt und Ostereier bemalt. Wenn's geregnet hat, sind wir Pfützenspringen gegangen, und danach gab's eine Buchstabensuppe, und wir haben zusammen eine Sendung auf Kika angesehen. Und die Kinder waren darüber so glücklich! Einfach so. Einfach darüber, wie der Tag war. Und abends hab ich zu ihnen gesagt: «Ihr dürft jetzt noch zusammen baden, und ich mach euch die Badewasser-Farbe rein! Was wollt ihr? Blau oder rot?» – «Blau, blau, blau, blau! Spielst du danach noch mit uns *Mensch ärger dich nicht*?» – «Okay, machen wir.» – «Yeaaaasaahh!» Und sie haben sich gefreut wie Bolle und sind freudig ins Badezimmer gelaufen. So war das damals. Die haben sich so gefreut, über so einfache Sachen!

Ein weiteres Päckchen verschwindet im Fluss ... Und ich denke daran, dass unser einziges Ziel war, dass die Kinder glücklich sind. Und lachen. Und eine unbeschwerte Kindheit haben. Nur das. Sie sollten einfach nur glücklich sein. Das war unser oberstes, einziges Ziel. Diese kleinen geliebten Wesen, die einem so sehr vertrauen, zu glücklichen Menschen zu erziehen.

Wieder ein Päckchen, das in das Wasser rieselt ... Ich denke über die derzeitige Situation nach. Und was dazu geführt hat. Ich denke drüber nach, was ich alles verkehrt gemacht habe bei meinen Kindern. Das letzte Päckchen verschwindet im Fluss.

MUHZMUHZ

Im Büro

Von: Maximilian
Betreff: KLEiNE PARTY

Hi Mom!
Ich würde wirklich gerne eine kleine Party bei uns daheim schmeißen am Freitag ... Es wäre schön wenn ihr vielleicht ins Kino geht oder so was und wir bis 24 Uhr unsere Ruhe haben, weil wir da gerne ungestört einen Film sehen würden. Wenn du magst darfst du uns dann später Popcorn machen ☺. Es würden Andi, Manu, Marco, Sarah und Sophia kommen – die kennst du ja eh alle! Die Sophia bleibt am Samstag etwas länger und erklärt mir noch Mathe. (Die lernt mit mir!!! Obwohl meine Noten jetzt viel besser sind – lerne ich! Zumindest mit der Sophia ☺) Es wäre schön wenn das mal von euch honoriert würde!
Also Mothership! Klappt das?? Wäre sehr muhzig!

Von: Hannah
Betreff: Du Stück du

Du Stück du!
Kann der Michael an Heilig Abend zu uns kommen?
Er geht auch vorher mit uns in die Kirche und wir würden uns bereit erklären die Nachspeise zu übernehmen (BRATAPFEL MIT MARZIPAN UND VANILLE-ZIMT-FÜLLUNG!!).

Haben auch schon das Rezept und kaufen alles selbständig ein! Komm schon, ich schreib in 5 Monaten Abi und dann studier ich!

Ich bin fast erwachsen und der Michael ist echt lieb und der findet euch voll nett! Und DER SCHLIESST SEIN STUDIUM NÄCHSTES JAHR WAHRSCHEINLICH MIT BESTNOTEN AB! HALLO!!!!!

Mit muhzigen Grüßen
La Muhz

Von: Schatzi
Betreff: MUUUUUUUUUUUUUUUUUUUUUUHZ!

MUUUUUUUHZI!
Bitte bestellen:
http:www.bmw-driver-set//=)/IHId098-Sitzbezüge_;M4987-lkdjfll=33/drivers/m4/sonder/edition=896ll
Dankeeeeeeeeeeeeeee!
Muhzmuhz ☺

Jetzt bekomme ich von meinem Mann auch schon solche E-Mails...

Das für dieses Buch verwendete Papier ist FSC®-zertifiziert.